―新婦人抄―

こころに響く言葉

池田大作

主婦の友社

こころに響く言葉——新婦人抄

『新婦人抄』に寄せて

懐《なつ》かしい本書の旧版《きゅうはん》が発刊されたのは、一九七四年（昭和四十九年）のことでした。

それは私にとって、お隣《となり》の中国とロシアを初訪問《はつほうもん》した忘れ得ぬ年でもあります。

以来、三十数星霜《すうせいそう》――中国も、ロシアも、世界も変貌《へんぼう》しました。しかし、厳《げん》として変わらず、いな一段《いちだん》と輝《かがや》きを増《ま》しているものがあります。ほかならぬ「女性」の偉大な力です。

この秋、中国最大の女性団体である「中華《ちゅうか》全国婦女連合会《ふじょれんごうかい》」の訪日団《ほうにちだん》をお迎えしました。

団長の王乃坤《おうないこん》さん（婦女連書記処《しょきしょ》・書記）を中心に、皆、聡明《そうめい》で立派なリーダーです。

東京、関西など各地で友好を結ばれ、最後の訪問地は、広島市。そこで、地元の婦人の方々と交流し、さまざまな悩《なや》みと戦いながら、平和と社会のため貢献《こうけん》している何人かの体験談に、深く感動されたといいます。

とくに、王さんは、その一人一人の活躍《かつやく》の背後《はいご》に、必ず周囲の人びとの温《あたた》かい支えがあることを見逃《みのが》されませんでした。

「励ましがすごいですね、本当に温かいですね！」「この励ましがあるからこそ、どんな困難《こんなん》をも乗り越えていけるのですね！」と。

私は、婦女連合会の偉大な先達《せんだつ》であられる鄧穎超《とうえいちょう》先生（周恩来《しゅうおんらい》総理夫人）が、同志に贈った励ましを思い出します。

「私たちは、困難の時こそ、断じて前を見て、希望を見つめ、光を見出《みいだ》していかなければなりません」

いかなる人も、優しく強い「お母さん」をはじめ、多くの人びとの真心《まごころ》の励ましを受けて、たくましく成長します。そして、その人が、今度は自《みずか》ら励ましの光となって、皆に生き抜く勇気を贈っていくのでありましょう。

ともあれ、家庭にあっても、地域にあっても、社会にあっても、女性の希望の声が朗《ほが》らかに響《ひび》いていく限り、平和と幸福の「太陽」が消えることは絶対にありません。

この『新 婦人抄』が、「女性の世紀」を創《つく》りゆかれる方々へ、少しでもエールとなるならば、望外《ぼうがい》の喜びであります。

結びに、新版の発刊という御高配《ごこうはい》をいただいた主婦の友社の村松邦彦会長、また編集の労をお執《と》りくださった御関係の皆さま方に、心より御礼申し上げます。

二〇〇七年十一月三日

菊花薫る「文化の日」に

池田　大作

目次

箴言──あなたに贈る言葉

写　真　池田大作
帯写真　池田博正

随《ずい》想《そう》

——女性として、妻として、母として、どう生きるか

女性にとって「創造」とは何か

世界に共通する女性の姿

私は、いくたびとなく、ヨーロッパやアメリカなどを旅する機会を得ました。こよなく平和を求め続ける世界の人びとの、心と心とを結ぶ架け橋のようすがともなれば、とのささやかながらも、固い決意から生まれた旅路です。

その道すがら、欧米の平凡な市井《しせい》の女性の生活態度やふるまいに、身近に接することができました。

アメリカにおいても、イギリスにおいても、さらに近年訪れたパナマ、ペルーの中南米にあっても、それぞれの生活様式や風俗習慣を異《こと》にしながら、女性の共通した明《めい》暗《あん》の二態《にたい》が、そこには見られました。

一方では、幸せいっぱいで、喜びをからだ全体に表現している女性がいるかと思えば、他方では、夫の酒乱や賭《か》けごと、怠惰《たいだ》、また子どもの非行などに、深刻に悩む姿がありました。それはまた、日本の女性像とも軌《き》を一《いつ》にしたものでした。

期せずして、私の胸に、一つの言葉が浮かび上がってきます。それは、トルストイの『アンナ・カレーニナ』の、有名な冒頭の一節です。

「すべての幸福な家庭は互いに似かよっているが、不幸な家庭は、それぞれに不幸の趣《おもむ》きを異《こと》にしているものである。」

家庭という言葉を女性に置きかえれば、私の欧米での実感を、かなり鮮明に伝えてくれるのではないかと思います。

たしかに「不幸」という言葉でくくってしまえば、一つですが、その実態は、さまざまです。おそらく、世界中の女性の一人一人に接してみれば、それぞれに悩みのかたちや原因は異なり、なかには、想像もつかないような悩みをかかえた女性も、出てくるに違いありません。

しかしながら、私がそのなかに、世界の女性に共通した特質を見出《みいだ》すのは、どこの国の女性も、それぞれの不幸や逆境に、かぎりなく耐えながら、これを切り開こうとしていた事実です。

私が各国で見かけた、女性のけなげな姿は、いまだに、私の脳裏に焼きついて、離れません。

この原稿を書きすすめているあいだにも、不幸とたたかう欧米の、そして日本の女性の姿が、長年、私の心に一つの予感としてあった、ある思いを、くっきりと浮かび上がらせてくれるようです。

2002年5月

それは、こうした女性の、けなげな、目には見えない活動が、じつは、いつの時代にあっても、その時代を大きく支え、育《はぐく》んできたのではなかったか、ということです。これまでは、それが目に見えないだけに、あまり気づかれることもなく、見過ごされてきたように思います。

世界共通の女性の姿を普遍化《ふへんか》するならば、そこに、今後の女性の〝創造的な生き方〟が発見されるに違いありません。それを明確に自覚して、日々の生活、そして社会への働きかけに邁進《まいしん》すれば、そのときこそ、新たな女性像がえがき出されるのではないでしょうか。

女性は、「五障三従《ごしょうさんじゅう》」などといって、仏にはなれない。「従う」ということのみが、唯一の人生指標である。世の中に、何が楽しいと言って、女に生まれなかったことほど楽しいことはない——という、女性からみれば、まったく悪罵《あくば》の極致《きょくち》とも言うべき言葉が、堂々とまかり通ってきたのが、かつての男尊女卑《だんそんじょひ》的な社会構造です。

この罵詈雑言《ばりぞうごん》に反論も許されぬほど、女性は、その人間的な芽生《めば》えを、圧迫され続けてきました。独創的な生き方など望《のぞ》むべくもなく、ひたすら、与えられたものを受け入れつつ、自分のわずかな箱庭に閉《と》じこもる以外になかったようです。

一部の心理学では、こう指摘されています。男性は論理的、抽象的な能力において優《すぐ》れているが、女性は感情的、直感的に思考する傾向がある。発明や創造には、ものごとを論理的に考え、それらを抽象化する能力が必要であるから、創造による文明形成能力は、女性に欠けている。したがって「女性の心が一般的にいってある種の心的作業に対する能力をまったく欠いていることは確かである。たとえば哲学・芸術・技術の分野がそうで、それも模倣《もほうてき》的あるいは評価的活動ではなく創造的活動を問題とする限り、女性には天分がない」（ローラッヘル※『性格学入門』）とまで断言することになるのです。

ここに、悲しいまでに創造の芽をつみ取られた女性の、過去の忍従《にんじゅう》の歴史が浮かび上がってきます。

天分を生かし、真実の創造を

マーガレット・ミード※女史は、ニューギニアの諸民族の観察を通して、男女両性の性格が、生物学的相違によって色分けされ

※ローラッヘル　オーストラリアの心理学者。「心理的諸特性の素質は遺伝するが、どの素質が発展するか、を決めるのは環境である」という説を唱えた。

※マーガレット・ミード　（１９０１〜１９７８年）20世紀アメリカを代表する文化人類学者と称される。文化人類学の発展期にニューギニアなどで精力的にフィールドワークを行った。『サモアの思春期』『３つの未開社会における性と気質』などの著書がある。

るよりも、伝統的教育によって塗り分けされるほうが、より合理的な説明を与えうると主張しました。

チャムブリ族という種族では、女性はなんでもやってのける性質があり、集団の中央に位置しているのに、男性は受動的で、集団の端《はし》のほうにすわっている。そして警戒心《けいかいしん》が強く、ささいな侮辱《ぶじょく》やうわさ話に興味を持っているそうです。私は思わず苦笑を禁じえませんでした。

「私が研究した社会のなかで、十歳、十一歳の少女たちが、少年よりもいきいきと聡明《そうめい》で企画性にとんでいたのは、このチャムブリ族の社会だけだった」と、現代社会における男性と女性の立場が完全に逆転しているかのような状況を呈《てい》していることを、女史は強調しています。

女性と男性の生物学的、肉体的差異《さい》を否定することはできません。体格においても、瞬間的な筋肉の力においても、男性とは一般的に異なっていることは、争う余地《よち》がありません。

しかし、「女性らしい」という言葉のなかに、本来特有のものであるよりも、社会の——これはアードラー※によると、男性的社会ですが——伝統的体制に立った教育のなせるわざであるものを、無責任にも大量に含んでしまってきた、と言えるのではないでしょうか。

しかも、男女の差異は、けっして男女の優劣を決定する内容を持つものではない。たとえば、女性の豊かな空想力は、現実社会の幾重《いくえ》ものしがらみに拘泥《こうでい》しがちな、男性の性向《せいこう》を悠々《ゆうゆう》と乗り越えるものです。ノーベル賞受賞学者の※江崎博士が、ダイオードを生み出した陰にも、純度の高いものをつくるのに逆に不純物を混《ま》ぜてみたらどうかという女性助手の新鮮な発想があったという事実をみても、数々のアイデアや着想を、女性はみずみずしく秘《ひ》めているものです。

女性が感情的、直感的に、ものごとをとらえるということを、逆の目でとらえかえしてみるならば、**男性はものごとを生命の表層の部分である理性で判断し、女性は、生命そのもので判断するということではないでしょうか。**

※クラーゲスが「女性の把握と思考が主として生命に依存し、男性のそれは主として精神に依存している」と述べているのは、

※アードラー　アルフレッド・アードラー（1870～1937年）オーストリアの医師であり心理学者。「個人心理学」という分野を創始。人がいかにして心の平安を得られるかを探求する心理学を展開した。

※江崎博士　江崎玲於奈（えさきれおな）（1925年～）物理学者。トンネルダイオード（江崎ダイオード）の発見により1973年ノーベル物理学賞を受賞。

※クラーゲス　ルートヴィヒ・クラーゲス（1872～1956年）ドイツの哲学者、心理学者。科学的筆跡学の創始者でもある。『性格学の基礎』などの著作がある。

まさにこの点を指摘しているようです。

感情的とか直感的という言葉は、かなり論理性に欠けた、侮辱《ぶじょく》的な響きをもって語られることが多いようですが、論理にとらわれ、柔軟な思考を失ってしまうことのほうが、豊かな情感でものごとをとらえ、その本質を見通していく直感智《ちょっかんち》よりも、創造という面では有効でないことが多いように、私には思われます。

独創、創造ということを、ものの創造と考え、それに寄与することのみが、文明の発展に役立っていると考えるのは誤っているのではないでしょうか。創造ということを、もっと広げて解釈する必要があるのではないか、と私は考えるのです。なぜなら、私たちの生活に密着《みっちゃく》して関係があるのは、ものそれ自体ではなく、人間ともの、人間と人間のあいだに流れる価値だからです。

創造とは、たんにみごとな芸術作品を生み出すこと、真理を発見すること、きらびやかな哲学を振り回すことなどに限られるわけではありません。

※湯川博士は『想像の世界』と題する本のなかで、独創性ということについて、次のように述べています。「それは今までだれも考えなかったことを考え、だれも気のつかなかったことをみつけだす、だれもまだつくらなかったもの、新しいものをつくり

だすということである」と。私も、まったくそのとおりだと思います。

真理や自然美を発見し、豊かな物質世界と美の領域をつくり出すことだけが創造ではない。人の心の微妙な営《いとな》みを洞察《どうさつ》し、幸せへの道をともに開くことも創造です。また、悩み苦しんでいる人の心に入って、ふくよかな人間愛で包み込むことこそ、まさに、創造という名にふさわしい、人間の行為ではないでしょうか。

先ほどの書物のなかで、湯川博士は、学問や芸術の創造について述べたあとで、次のように記しています。

少し長い文章ですが、引用しますと「しかし人間世界のでき事の場合には、合理性とか必然性とかを見出《みいだ》すところで問題が終わるのではない」「知性が容易に合理的に把握《はあく》することのできない人間の感情とか情《じょう》緒《ちょ》とかいわれるものの方が、より直接に幸福につながっているのである。知性がまだ気づかずにいる潜在意識の働きが、そこではしばしば決定的な意味を持ちうるのである」とあるのです。

心の奥の、ひめられた感情や情緒に、もののみごとに反応する力は、女性に与えら

※湯川博士　湯川秀樹（1907～1981年）理論物理学者、京都大学・大阪大学名誉教授。「中間子理論」の提唱で原子核・素粒子物理学の発展に功績を残した。1949年、日本人で初のノーベル賞を受賞した。

れた天分とでも言えましょう。ある一つの事柄に対する直感的な敏感さは、男性の遠く及ぶところではありません。

知性がまだ気づかずにいる生命内奥《ないおう》の動きをすばやくキャッチし、優しい愛情で抱きとる行為のなかに、女性でなければなしえない、真実の創造の発露を見出《みいだ》せるのではないか、と思うのです。それは、生命を産み育ててゆくという、宇宙自体から託された役割をもつ女性の本然《ほんねん》の力でありましょう。

エゴを捨て、社会への働きかけを

ドイツの詩人、シラー※は「真の愛情を知る者は女性である」との至言《しげん》を残しています。**愛による幸せの道を開く主体者は、女性であり、妻であり、母であるとの真理を動かすことはできないでしょう。**

それにしても、このような愛も、**ともすれば自己愛に変質し、エゴのとりこになりがちなことも、**けっして否定はできないと思うのです。

エゴの牢屋《ろうや》に閉《と》じ込められた愛の変質は、受動的な姿勢、虚栄心《きょえいしん》の強さ、衝動的《しょうどう》で移り気な心情などと結びついて、自《みずか》らの

※シラー　フリードリッヒ・フォン・シラー（1759～1805年）ゲーテと並ぶドイツ古典主義の代表者。ベートーベンの交響曲第九番「合唱付き」の「歓喜の歌」の原詩作者。

1990年2月

不幸を呼び寄せ、さらには家族や隣人の犠牲をしいる結果にもなりかねません。また、自分の好みや、反感や、嫌悪《けんお》の情動で、あらゆる出来事を判断するという欠陥《けっかん》を、周囲にまきちらすことにもなるものです。

ところが、開かれた愛の努力を忘れない賢明《けんめい》な女性においては、敏感な直感智《ちょっかんち》、機敏な心情、優しくも温《あたた》かい情愛などが生かされ、さらには、社会的事象への関心を深めていきます。

たとえば、病《や》める子をかかえ、苦闘の末に、疾病《しっぺい》を乗り越えた体験を持つ母親がいるとします。わが子の病気の引き起こす壮絶な苦痛を味わい尽くしたはずです。

こうした人生の厳寒を通り過ぎた、慈《いつく》しみ深い女性であれば、隣人に、もし、同じ悩みが襲いかかったとき、ありとあらゆる援助の手をさし伸べることでしょう。それは、病める子をもつ悩みを、他の誰《たれ》びとよりも、熟知《じゅくち》しているからであります。ときによっては、隣人の苦しみを代《か》わってあげたいと思うほどの衝動《しょうどう》を、おさえきれないのではないでしょうか。

隣人への援助のために、過去の体験から学びとった知恵が総動員され、鋭い感受性が敏捷《びんしょう》に働き、病める親子の、このうえもない相談相手となり、看護師の役割さえ果たしうると考えます。

さらにそれは、隣人に終わるのではなく、社会的な次元にまで拡大されていきます。同じ疾病に冒《おか》された子を持つ親たちとの連係をはかり、社会的運動にまで高めていく努力へと向かうこともあるでしょう。

また、経済的貧困の辛酸《しんさん》をなめ尽くした女性ならば、物価高、物不足といった事態に直面しても、生命で呼吸してきた知恵を生かして、地域の人びととも語り合い、社会的不安から地域を守る、人間連帯の輪を築くこともできます。

またそのとき、地域の庶民への愛にまで広がった豊かな心は、政治家、企業家の動勢を見逃さず、悪の根源を断《た》ち切るための政治の分野への参画《さんかく》を試《こころ》みるでしょう。

そのほか、女性として、母として、妻としての生活人そのままで、偉大な力を発揮する舞台は、数えきれないほどです。

若い青年の恋を見守るのも、女性の心理の微妙さに期待するほかはありません。甘い恋の成熟《せいじゅく》ばかりでなく、失恋のほろにがさを、再び、貴重な人生経験としてかみしめる場面も起こりえます。

少しばかりの具体的な考察をしてまいりました。**私は、聡明《そうめい》な女性の、優美にして広い愛情こそが、庶民の生命と生命をつなぎ、人間らしい価値と幸福を開きゆく創造の、あまりにも清らかな泉であると確信し**

ています。

母なる大地の底に、万物を育《はぐく》む慈愛が脈打つように、家族と隣人と、そして人類社会の大地にも、女性の、妻の、母の慈悲心が豊かな清水となって流れゆくことを、一人の男性としてではなく、一個の人間として、私は期待したい。

実社会は、あなたの人間学校

温室から「約束」の世界へ

これから学校を卒業し、社会に旅立つ、若い女性に特に気のきいたことを言える能力もないし、どれだけ役に立つか、自信はありません。そこで、自分の娘に話すつもりで、思いついたことを書いてみたい。

学校を卒業し就職する——ということを、よく「社会に出る」と言っています。それは、どんな「社会」であるのだろうか。

まず、このことから考えてみましょう。

もちろん、これまで育ってきた家庭や、学校も、一つの社会です。しかし実際、就職し、会社に勤める場合は、それを特に「実社会」とも表現される。そこには、家庭や学校とは、やはり違う意味があります。「社会に出る」ということは、一つの世界から、新しい、もう一つの世界へと入るということになるでしょう。

では、家庭または学校という世界と実社会という世界とは、どう違うのでしょうか。

家庭は、私たちが、そのなかに生まれ、育てられてゆく憩《いこ》いの場と言ってよい。その世界では、いわば、すべてが自然の関係として営《いとな》まれます。そこには他人はいません。

それが学校となると、当然、この自然な関係はいくぶんか薄れてきます。それは第一に、家庭のようにすべてが自然な関係ではなく、他人と接触する場であるからです。

しかし、学校生活というのは、それでも、やはり周囲から温《あたた》かく見守られ、育てられている段階と言えるでしょう。個人的事情から、なかには、すでに学校生活の時代に、苦学し、実社会の経験を積んでいる人もいますが、大半は、そうした温かい人間関係のなかにあると言っても過言ではない。

ところが、社会に出て、就職すると、こ

の人間関係の考え方が、一変するのです。それは、むずかしい言葉で言うならば「契約関係」と言われていますが、要するに、今までの温《あたた》かい人間関係から、約束事を基本にした関係に入るということです。よく、「ギブ・アンド・テイク」と言われますが、この言葉が、それを言いあらわしています。別の言葉で言えば、**温室から、約束の世界へ**ということにもなるでしょう。

ただ、このように人間関係の考え方が、一変するといっても、実社会の人びとが、すべて冷たい、計算高い人ばかりが集まっているわけでは、もうとうありません。私も、そういうことを言っているわけではないのです。

どこの社会でも、人間関係の温かさを求めていますし、つとめて、そうした環境をつくろうとしています。また現実に、職場でも、人間性豊かな人が、大勢いるでしょう。

しかし、実社会の場合は、その重点のおき方が、やはり、約束、契約ということに傾《かたむ》かざるをえないのです。したがって、まず、この社会の基本を、よく理解しておくことが大事であると、私は思います。

その約束ということを、最もはっきり示しているのが、仕事であると言えましょう。

どのような仕事をするか、また、どんな

会社に勤めるのか、それは個人の自由であり、個人の選択で決まります。約束の世界とは、そういう関係から言えば、選択の世界であり、個人が選んだ仕事は、その責任を果たすという約束で成《な》り立っているわけです。

身近なものへの関心と社会的な関心と

少々、堅苦しい話になりました。そんなことは、どうでもいいではないか、また当然のことのようにも思われます。しかし、特に若い女性にとっては、この二つの世界のあり方の違いを理解することは、その後の人生にとって、非常に大切だと思うのです。

※ウェブスターの小説に『あしながおじさん』があります。皆さんも、読んだ方がいるでしょうが、大変愉快《ゆかい》な物語です。

細かい話は忘れてしまいましたが、そのなかで、主人公の女性が、服装、育児、編物……女性は何にでも興味を持てるのに、男性は、そういうことにはあまり関心がない。〝なんて味気ないんだろう〟と言っている個所がありました。

これは大変に興味深いことです。それは、

※ウェブスター　ジーン・ウェブスター（1876〜1916年）アメリカの作家でマーク・トウェインのめいにあたる。『あしながおじさん』は世界中に翻訳され不朽のベストセラーとなる。

男女それぞれが関心を抱く世界の違いを表しているようにも思われます。男性の関心は、政治とか、社会とか、外側のほうへ向きやすい。

それに対し、女性の関心は、身近なものにも生き生きと向けられるようです。もとより、これは相対的に比較しただけであって、個人個人にとっては、必ずしも当てはまらないでしょう。

お断《ことわ》りするまでもないでしょうが、社会的な関心と身近なものへの関心とには、けっしてどちらが優《すぐ》れているか、ということはないのです。ただ、あえて言うならば、何にでも関心を広げられる若い女性として、その両方の世界に向ける眼《め》を持ってほしいと、私は思うのです。「社会に出る」ということ、また、職場の意味も、一つには、そこにあると考えられます。

仕事は権利であり、苦役《くえき》ではない

ところで、社会に出てから、最も大切なものは、仕事であることは言うまでもありません。仕事は自分の社会での一生を左右する問題であり、その如何《いかん》によって、ほとんどが決まってしまうと言ってさしつかえないでしょう。

この点、女性の場合は、男性ほどではないと考えられがちですが、これは誤解です。

1991年6月

女性にとっても、仕事は生涯《しょうがい》のことです。結婚して家庭を守ることに専念《せんねん》する場合でも、家庭での仕事があります。家事、育児というのは、女性にとって、非常に重要な仕事と言えるでしょう。

このように考えるならば、男性、女性を問わず、人間というものは、生涯にわたって、何かの仕事にとり組む存在であると言ってもいいでしょう。そして、その仕事を通して、自分自身を磨《みが》き、人格の向上をはかっていくところに、本能のまま生きる他の動物と、人間との根本的な違いがあるわけです。

ですから、仕事に対し、どのように考え、とり組むかは、その人の人格を形成するうえで、大事な分かれ目になってきます。私は、これについて、よく言うのですが、**仕事をするからには、権利と思うぐらい、能動的にやったほうが、楽しいだろう——と。**

余暇《よか》を楽しむ資金をつくるために、仕事をするのだという人もいるでしょう。私は、それをけっして否定するものではありません。ただ、仕事にとり組む以上、それはそれなりに、厳しい姿勢が必要となるでしょう。

職場とか、仕事とかを、固定して考える必要はない。だが、職場は単なる腰かけではないし、仕事は、与えられた労働――いわば苦役《くえき》であってはならないのです。自分は今、仮にここにいるだけなのだ、将来の本当の生活のための手段なのだ、と考える人もあるかもしれません。しかし、**現在の自分、現在の一瞬一瞬を、真摯《しんし》に、充実して生きることなしに、将来はありえないはずです。**

また、将来ということを考えても、若い青春時代は、それこそ人生の土台を築く時であると思います。自分の与えられた課題、仕事を、自分の権利ととらえ、また、自分を向上させていくための、かけがえのない機会だと考えてほしいのです。

誠実さから生まれる信頼

仕事というものは、実際にとり組むということになれば、どんな仕事でも、けっして華やかな派手なものばかりではない。そこに誤解があってはならないと私は思います。外見は、にぎやかで、大変面白《おもしろ》そうに見える職業でも、実際は、地味な作業と苦労の積み重ねであることが多いのです。

以前、「ペア・システム」という言葉が注目されたことがありました。男女の協同によって、仕事の進行をいっそう円滑化し、推進するという方法でした。すべての仕事に、そのまま応用できるものかどうか、またその実際の効果は別として、これは職場、仕事というものの本質的な関係を示しているようです。

つまり、仕事、広く社会というものは、さまざまな人間関係によって構成されているものですが、その基本的な単位が「ペア」(対《つい》)ということであるからです。

そういう人間関係のうちで、最も大切なものは何でしょうか。平凡きわまる言い方ですが、私は「誠実さ」だと思います。そこに生まれる相互の信頼ということではないでしょうか。これは、妥協しなさいという意味とは絶対に違います。小才《こさい》は自分を、結局は苦しめてしまうものです。

たとえば、約束を守るということです。家庭という自然の温《あたた》かい世界では、それほど重視されなかったことも、他人と接触する世界では、最も主要なことになるのです。信頼に結ばれた人間関係ということも、しょせんは、一つ一つの積み重ねによってつくられていくものと言っていいでしょう。

そこには、当然、失敗もあるでしょう。思わぬことが誤解を生んだりすることも、けっして少なくない。行き詰まって、悲しい思いをしたりすることもあるに違いない。しかし、心からの誠実さがあれば、必ず、どんな厚い壁でも乗り越えていくことができると信じます。いわば試行錯誤《しこうさくご》をしながら、相互の理解が深められていくものです。

愛情とか、男性との交際とか、結婚の問題とか、皆さん方が最も関心を抱《いだ》いているかもしれない問題も、この人生の学校で学ぶことになるわけです。私が述べてきたことが、その場合にも、何かの示唆《しさ》になればと願うのです。

生涯《しょうがい》の宝となった私の結婚

ずい分昔のことになってしまった私の結婚は、今思い出しても、当時の身辺の状況が色濃く残っております。歳月の流れは、すべてを柔《やわ》らかく包んでしまうものだとされていますが、私の結婚のさまざまな思い出は必ずしも歳月の霧《きり》のなかにかすんではおりません。

それもそのはずで、昭和二十五年（一九五〇年）の夏から昭和二十六年の春にかけて、果てしない苦境のなかで、恩師※とともに辛労《しんろう》の限りを尽くしていました。私の未《み》熟《じゅく》な青春の渾身《こんしん》の勇気という勇気を、すべて悔《く》いなくその苦境のなかにたたき込んだと言ってもよいほどの苦闘でした。しかもこの苦闘は、恩師と二人だけで分かち合ったものであっただけに、誰《だれ》にも気づかれなかった秘事として今日もなお残っております。

精神的な苦痛がどんなに肉体に影響を及ぼすものか、また体力の衰《おとろ》えがどんなに精神をむしばむものか、それらのいっさいを私は身をもって知り尽くしたような気がします。恩師は朝起きると、寝床のシーツに等身大の汗《あせ》の跡《あと》を残しましたし、私は発熱した体で、しゃにむに奔走《ほんそう》して、わが身をいたわる暇《いとま》さえありませんでした。事態はまことに絶望的に見えましたが、緊迫《きんぱく》した戦いというものには、行き詰まることはないのでありましょう。恩師の偉大さは、なお悠然《ゆうぜん》たる余裕で自《みずか》らを客観視さえしていたのです。この余裕が若年の私には唯一《ゆいいつ》の支えであり、絶望のなかになお光る希望の星でありました。私は恩師の使命だけを信じておりました。

※**恩師**　戸田城聖（１９００〜１９５８年）創価学会第二代会長。宗教家、教育家、事業家。今日の創価学会の隆盛の基礎を築いた。「この地球上から悲惨の２字をなくしたい」という信念で、民衆の平和運動をリードした。

1957年　香峯子夫人と

いつしか苦闘からの脱出をはっきり意識したのは、二十六年の五月のことでした。それは、再建というよりも、まったく新しい展望を伴《ともな》った新生であったのです。新しい視野のうえにさまざまな光景が急に浮かび上がりました。それらの光景のなかに、今の妻も一人の若い女性として私の眼前に映りました。そして不思議なことに、ある特別な一女性としての映像が徐々に私の心のなかで育ち始めたのです。私はひそかに叙情詩《じょじょうし》を書き始め、感情を自《みずか》らに確かめました。感情の結晶作用《けっしょうさよう》は日ごとに強くなっていき、そのうちに、ある偶然とも言える機会が訪れました。

ある予定された会合があり、定刻前ではあったがにわか雨にあい、私は会合の場所に飛びこみました。するとそこには、彼女がたった一人いただけで、ほかの誰《だれ》もおりませんでした。私は日ごろの一片の叙情詩をその場で書いて、そそくさと渡しました。読まれることを怖《おそ》れた私は、家に帰ってから読んでくれと頼みました。彼女は素直に紙片をハンドバッグにおさめました。その時の私の表情がどうであったか、おそらくは夢中であったに違いありません。私はひとつの告白を果たしたことに満足して、事の成否はまったく気にならなかったことをおぼえております。

こう書くと、はなはだロマンチックに響くかもしれませんが、私の二十三歳という青春の脳細胞のしわざでありました。まして、その直前まで続いた激しい苦闘の数年のなかで、私は俗世間《ぞくせけん》のあか・・をいやというほど浴びただけに、逆にわが心の王国だけは固く守り、数々の夢にあふれていたといってもさしつかえありません。それらの紡《つむ》いだ夢を、私は彼女に一挙に託したのです。

彼女との文通が始まりました。多摩川の堤防をよく歩きました。そして未来を語りましたが、互いに共通したある使命の自覚が、彼女にも育っていたことは、私たちの生涯《しょうがい》を決定づけました。遊戯的《ゆうぎてき》な安易さはまったくなかったのです。使命に生きる未来を、自分たちのものとしようとしたのです。努力というよりも歓喜が先に歩いていました。

アンドレ・モロア※の結婚訓に「結婚に成功する最も肝要《かんよう》な条件は、婚約の時代に永遠のつながりを結びたいという意志が真剣であることだ」とありますが、当時の私たちは、このような教訓は知らなかったものの、知らないうちにそれを実践していたと断言することができます。

※アンドレ・モロア（1885〜1967年）フランスの小説家、伝記作家、評論家。『ブランブル大佐の沈黙』で世に認められ、以後広い教養、穏健な良識、柔軟な文体で多くの小説、伝記、評論を発表した。

自《みずか》ら顧《かえり》みて、私たちの結婚が、わが生涯《しょうがい》における かけがえのない宝となった今、結婚に踏み切る直前の状況が、どれほど厳粛《げんしゅく》で真剣であったかに、いっさいがかかっていたことを痛切に知るのであります。

妻の思いやりが夫を蘇生《そせい》させる

一家のなかで一番おとなしい夫

ひとたび一家の主となると、そのとたんに夫の権威《けんい》が失墜《しっつい》するような仕組になっているのが、最近の世の中の風潮《ふうちょう》のようです。

社会は豊かなのに、家計は苦しく、家一軒建てるほどの余裕は、なかなか望《のぞ》めない。インフレや環境汚染による公害や、エネルギー資源の危機、はては食糧問題、人口問題などという厄介《やっかい》な問題が山積《さんせき》し、今日の社会生活に陰《いん》に陽《よう》に影響している。それがまた社会の一単位である一軒一軒の家庭にしわ寄せされて、毎日、現実的な影響を与えています。まったくやりきれないと誰《だれ》でも心の底で考えていますが、半《なか》ばあきらめて忘れたような顔をして一日一日を送っているのが、私たち現代人の生活の実態です。

そうはいっても、日常生活にこうむる被害は年々歳々《ねんねんさいさい》深刻になってくるので、忍耐にも限度があるといったわけで、家庭内の風波というものが、ときに暴発することになります。この暴発の由来する根源は、前にのべた厄介《やっかい》な数々の問題にあるのですが、その根源は忘れられている。日常のささいなことから起きる不安と不如意《ふにょい》は、もっぱら一家の柱であるべき主人に向かわざるをえない。この時、一家の主は無能者《むのうもの》にされ、家族からの集中攻撃を免《まぬが》れないことになります。

いったい俺《おれ》にどうしろというのだ、と居《い》直《なお》れる初心《うぶ》の男はまだよいが、家族は他人ではない。彼らは悩みに悩みつつ、何とかしなければならないと心につぶやきながら、なすすべのないままに、夫たる、また父親たる権威をいつか失ってしまって、一家のなかで一番おとなしい人間になってしまいます。現代ほど従順《じゅうじゅん》な亭主族というものが出現した時代はないでありましょう。まことに人類史上、思いあぐねた男の表情が、かくも深刻に数多く現出したことはまれであるに違いない。満員電車のなかの一家の主たちの表情を仔細《しさい》にごらんになれば、誰《だれ》でもすぐ気づくことです。

それでも、日本の男たちは、昼間は会社や工場でせっせと働いて、疲れて帰る家庭には、もはやオアシスの幻影しか残っていない。集中攻撃を浴びる恐怖におののいて、家路へ向かう足は重くなります。わが家から離れているときにだけ、亭主族の安息《あんそく》があるといったおかしなことになってきました。

まことに一家の主たることはむずかしい世の中となってしまいましたが、昔からその兆《きざ》しはあったのでしょう。シェークスピアの『ヘンリー五世』にこんなせりふがあります。――〝男というものは、いつもそうだが、わが家から離れている時が、いちばん陽気なものだ〟――。

シェークスピア時代からのこの男の性来《せいらい》の傾向は、今日ますます猖獗《※しょうけつ》をきわめてきたのです。

つい、書くそばから不景気な男の映像ばかり浮かびあがらせて恐縮ですが、私は現代について夢想することはできません。勢いありのままの現実を正視するところから、いっさいの思考を始めようとすると、世にも哀れな亭主族から話を始めざるをえないのです。

近年、人間性の喪失《そうしつ》を叫ばれてからすでに久しく、砂漠化した人生をなんとか建て直そうとさまざまに試《こころ》みたものの、もろもろの社会状況は悪化の一途《いっと》をたどるばかりでありました。

このような時代状況のなかにあって、私はなおかつ人類の知恵を固く信じ、これまでの人間に関する既成概念の変革に、まずその救済と同時に蘇生《そせい》があることを信ずる一人です。

生命の尊厳《そんげん》を生活の基盤《きばん》に

それは一口に言えば、人間の生命の尊厳を認識するというより確認することに、いっさいがかかっていると考えるのです。自己の人間としての生命の尊厳を確認するばかりでなく、それとまったく同じ重さで人類六十数億の一人一人の生命の尊厳を平等に確認することに、いっさいの思考の根源を置く、ということです。そして、このことを社会に対していたずらに叫び、風のなかに消してしまうよりも、もっと着実に自分たちの周囲の一人一人から始めようでは

※猖獗をきわめる　よくないものがはびこって勢いが盛んなこと。

ないか、と私は言いたいのです。

真理は遠くにあるものではない。卑近《ひきん》なところに具体的に生かされなければ、何が真理でありましょう。

家庭が、さまざまな社会崩壊《ほうかい》化《か》の重圧に押しながされて、同じく崩《くず》れてしまうとしたら、この世の人間は住む場所も寝る場所も失ってしまうことになる。社会、社会といっても、つまるところ無数の家庭の集積にすぎない。家庭が崩壊しなければ、社会も崩壊はしない。そして家庭、家庭といっても、血族の人間一人一人の集まりです。この一人一人の人間が崩れない限り、家庭の崩壊はありえません。

社会のいっさいの原点は一人一人の人間にある。その人間にとって一番大切な替《か》えがたいものは、何かと言えば、一人一人の生命しかない。

この生命の尊厳《そんげん》が、現代ほど脅《おびや》かされている時代も、かつてなかったでありましょう。現代の恐怖は、ことごとくここにもとづいていると言ってよい。しかも、人間の生命についての知識は、まだまだきわめて貧しい。だが、この根源の問題を避《さ》けて通ることはできないところまできてしまいました。

一人一人の生命の尊厳がどんなに無視さ

2004年4月

れて、経済が発展し、政治が運営されてきたか、今日の世相百般《せそうひゃっぱん》を熟視《じゅくし》してみれば容易にわかることです。

いつの間にか、私たちはこのような前代《ぜんだい》未聞《みもん》の時代環境のなかで生存を続けざるをえなくなりました。責任を問うとしたら、誰《だれ》の責任でもない、人類六十数億の責任です。この自覚が社会に生《しょう》ずるには、まず家庭における自覚がなければなりません。まず、わが家庭から、思いやりに満ちた生命の尊厳《そんげん》の世界を築き上げていきたい。そのためにも、夫と妻の共同作業が不可欠《ふかけつ》です。

夫に対して深く思いやることは、妻の単なる従順《じゅうじゅん》さではありません。生命の尊厳を生活の基盤《きばん》に置くか、どうかの実践の所作《しょさ》であると言えましょう。

強力なありがたい味方を持つ夫たちは、雄々《おお》しく立ち上がって日常の対決の場で戦うでありましょう。それは同時に男の蘇生《そせい》を意味します。ある聖哲《せいてつ》の言葉に「女人は男に従い、男を従える身なり」とありますが、これは妻たるものの一生を支え、しかも夫を蘇生させ、力の限りの能力を社会に発揮させるにいたる、無量の智慧《ちえ》を秘《ひ》めている千古《せんこ》の名言だと私は考えています。つまり――〝男に従う〟とは、夫のすべてを心から理解し過《あやま》らないことであり、〝男を従える〟とは、夫を雄々しく蘇生させることにほかなりません。

ここにこそ、夫婦というものの——現実のなかに生きぬく理想が待ちかまえているのではないでしょうか。

妻の生きがい

どうして〝主婦〟がいやなのか？

近年、〝脱サラリーマン〟などということが言われてきましたが、さらに〝脱主婦〟という言葉まであらわれるようになってきました。若い主婦たちのなかには、〝主婦〟と言われるのが、いやだという人たちが多くなってきたということです。

主婦からの脱出——これには、妻や母という鋳型《いがた》にはめられるのがいやで、女性としても、人間としても、もっと自己の人生を拡大し、社会とのつながりを持ち、自分らしく生きたいという願いが込められていると見ることもできましょう。このことは、私自身の考えとしては、望《のぞ》ましい傾向であると思っております。なぜなら、それが人間としての、より深い自覚から出た切実《せつじつ》な声でもあろうかと思われるからです。しかし、一つの過渡期《かとき》には、いかなることでもそうですが、意識や行動に、混乱を生《しょう》じやすいことも、考慮しなくてはなりません。

若い母親が、自分のおなかをいためた、いたいけな子どもを殺すなどという母性の虐殺《ぎゃくさつ》は、かつては考えられなかったことです。その理由も、子どもが泣いてしようがないからといった、きわめて単純な場合もあるようです。昔でも、食べるものもないといった、貧困の極限状況で間引《まび》きしたり、捨て子などをしたこともあったでしょうが、それとこれとはあまりにも事情が違いすぎます。

現代のそれは、母親としての自信のなさが生み出した一種の狂気であり、人間らしい家庭というものを失ったことによる精神的空白が、その底流にあると思えてなりません。極端《きょくたん》な例かもしれませんが、そこに現代の一つの倒錯《とうさく》があるのではないでしょうか。

人間として、自己の拡大をめざすことが、望ましいのは言うまでもありません。しかしそれは、生命を育《はぐく》むことを放棄《ほうき》して、たんに開放感にひたろうとすることは、結局、自分の母性という生来《せいらい》のものを殺してしまうのではないかと考えるのです。

妻であり、母親であることが人間としての桎梏《しっこく》であるかのように考えたとしたら、それはむしろ錯覚《さっかく》と言うべきでありましょう。女性らしい優しさ、美しさ、細《こま》やかさは、絶対に男性の及ばない天賦《てんぷ》のものであり、その愛情を深め、社会的に拡大していくことは、真の女性解放と一体であると言えるのではないでしょうか。

〝主婦〟と言われるのがいやだというのも、これまでの家庭というものが、閉《と》ざされた城とでもいったイメージで考えられ、その城のなかで安閑《あんかん》としていられるのが主婦の座だというニュアンスが強かったからでありましょう。しかし、家庭を、開かれた社会の単位、人間生活のベースと考え、その責任者が〝主婦〟であるとしたら、その社会的役割もすこぶる重要であります。

言ってみれば、〝主婦〟からの逃避《とうひ》ではなく、**〝主婦〟というものを積極的に正しく位置づけることが、本当の意味での女性解放につながっていく**のだと私は考えます。

家庭生活の落とし穴

若い主婦が抱《いだ》いている、自己の存在を拡大していきたいという願いには、崩壊《ほうかい》に瀕《ひん》した今日の家庭に対する考え方の変化だけではなく、じつは、もう一つの要素が絡《から》んでいることも事実です。それは、たとえば、子どもが幼《おさな》いときには多忙であるが、その子も学校に上がり、だんだんと母親の手をわずらわさなくなってくると、何か生きる目標といったものが失われていってしまうという側面です。つまり、家庭生活のなかでの〝はりあい〟がなくなり、といって、どのようにして新しい生きがいを見出《みいだ》し、拡大していったらよいのかということに戸《と》惑《まど》ってしまうわけです。家庭電化製品がかなり家事の労《ろう》をとり除いてくれているために、自分の自由な時間もつくられてきました。

大げさな言い方になりますが、それはなにも家庭の主婦だけの問題ではなく、人類は、まだ余暇《よか》をどう使うかということについて、十分訓練《くんれん》されてはいないばかりでなく、戸惑っているのが実情です。

※ショウペンハウエルは「人間の幸福の二つの敵は、苦痛と退屈である」と言っております。**苦痛の不幸をとり除いたあとに、退屈の不幸がおしよせているのかもしれません。**現代において〝生きがい〟といった

問題が真剣に模索《もさく》されているのも、そのあらわれと言えましょう。

もとより、私は、主婦の労働が軽減《けいげん》されていく傾向に、反対しているのではありません。わずらわしい、また厳しい労働が軽減されて、それによって得た余力《よりょく》が、自分自身の向上や、社会的な広がりのなかに生かされていくならば、その意義はけっして僅少《きんしょう》ではありません。

しかし現状では、家族のために傾《かたむ》ける真《ま》心《ごころ》の労働が軽減するとともに、親子、夫婦の人間関係も希薄《きはく》になってきている面も否《いな》めないようです。

離婚率が高くなっていることも、そうした一つの反映でありましょう。しかも、結婚して七、八年、あるいは十年ぐらいたった人たちに離婚が少なくないとのことです。それは、ホッと一息いれたときに、精神的な空白という深淵《しんえん》が、ポッカリと無気味な口を開いて待っていることも示唆するのではないでしょうか。

ともあれ、人間は、前向きに生きる目標を失ってしまうと、急にふけこみ、精神的にもバランスを欠くのではないかと思われます。そうしたことが、互いの人間関係に

※ショウペンハウエル　アルトゥル・ショウペンハウエル（1788〜1860年）ドイツの哲学者。卓越した表現力と幅広い教養の持ち主で、芸術論、自殺論が有名で、後年の生の哲学、実存主義のさきがけとも言える。日本でも、森鷗外はじめ多くの作家に影響を与えた。

ミゾをつくっていくのでしょう。その時が、家庭生活における一つの重大な危機と言えます。

こうした危機は、いつとはなしに迫《せま》ってくるものです。そこに、日常性の落とし穴があると私は考えるのです。

人間の生活は、ある意味で、習慣の束《たば》から成《な》っていることも否定できません。習慣化した日常生活に身をゆだねることは、自然な流れです。もし、生活の習慣化というものがなければ、人間は、神経をすりへらしてしまうに違いありません。人と会っても「こんにちは」というあいさつが日常化していなければ、最初の会話のすべり出しでつまずいてしまうでしょう。

社会的な習慣が社会の人間関係の潤滑油《じゅんかつゆ》になっているように、個人の生活でもよき習慣は、ある種のリズムを与えてくれるものです。

しかし、もう一面では、人間というものは新しさを求めて生きている存在でもあるのです。日常生活に、いっさい身をあずけて、そのなかに埋没《まいぼつ》してしまうと、いつのまにか生命の新鮮な躍動感を失い、自分というものも、どこかへ飛んでいってしまいます。

気がついて、自分をとり戻《もど》そうとすると、今まで自分にとって最大の味方であった、

2003年10月

日常生活というサイクルが、突如《とつじょ》として、敵となって頑強《がんきょう》な抵抗を示すのです。その頑固さは、なかなかのものです。何かを発心《ほっしん》し、いざ始めようとすると、たちまち苦痛を感じて投げ出してしまいたくなります。

その強引な力に屈《くっ》し、再び、身をまかせていくと、もう、そこから抜け出ようとする勇気もなくなってしまいます。惰性《だせい》と呼ばれる、物理的な習慣の法則は、こうして、人間性を内部からむしばんでいくのです。

張りのある自分はなくなり、若さもなくなり、一種の暗い倦怠感《けんたいかん》のようなものが、心を支配するようになります。自己の成長などという言葉は、およそ無縁のものとなり、遠い彼方《かなた》に飛び散って、生命の不完全燃焼のままに、ますます自己を萎縮《いしゅく》させてしまうのです。

これは、男女を問わない現代の人間共通の弱点であるかもしれません。

それでは、こうした退屈の不幸とも言うべき、内部の敵を打ち破るにはどうしたらよいのでしょうか。日常生活をはなれて、特別なことをすればよいのでしょうか。それも気分一新で事足《ことた》りる場合もあります。たまには、家族連れで旅行することもあるでしょう。しかし、近頃は、日曜日など、マイカーででも行こうものなら、車が数珠《じゅず》つなぎになって渋滞し、電車も満員で、かえって疲れて帰ってくるということが少なくないようです。

どうやら、そうした日常生活の外だけに、精神の清涼剤《せいりょうざい》を求めようとすることは、さまざまな限界があって、やがては、むなしい努力にすぎないことを悟《さと》るに至《いた》るでありましょう。

それでは、いったいどうしたらよいのでしょうか。私は、日常生活のなかに創造的な営《いとな》みを発見することに、この問いに対する解答の鍵《かぎ》があるように思うのです。

目標を自覚して積極的に

大切なことは、家庭生活の外にではなく、そのなかに、どのように自己を発見し、拡大していくかということだと思います。

たしかに生活が合理化され、肉体的な労働が軽減《けいげん》されたとはいえ、そこに、どう創《そう》意工夫《いくふう》をこらしていくかによって、いくらでも楽しくしていくことができます。

たとえば、インスタント食品にしても、それをどうおいしく料理していくか、手をかけて、家族の人びとの口に合うようにしていくかといった、創意工夫の領域《りょういき》は残されているはずです。

掃除や洗濯などが機械化され、主婦が助

かることは、大いにけっこうだと思います。しかし、愛情が直接、しかも微妙に反映される料理などは、少々手間をかけても、それにふさわしい効果があるものです。そうした努力は、温《あたた》かい夫婦愛、親子愛を持続させる偉大な力となっていくでしょうし、そうしたことに創意工夫をこらすこと自体、賢明《けんめい》な知恵と言うべきでありましょう。

また、余暇《よか》という問題も、それをつぶすにはどうしたらよいかという考え方からとらえるのではなく、どう生かしていくかという点から見直されるべきです。

かつては、余暇というものは、王侯貴族《おうこうきぞく》の専有物《せんゆうぶつ》であった。一般大衆は、その当時においては、生きるために働くことでせいいっぱいだったのです。しかし、今は、余暇は大衆のものとなり、それとともに、いかに生きるかということが、あらゆる人びとの最大の課題になりつつあるのです。そのなかの一つの大きなテーマが、生きがいという問題です。

このいかに生きるかという課題が、じつは今日までの文化を生み、支えてきたと言ってもよいでしょう。しかし、昔は、それを考えるのは、一部の余暇を持った人たちであったために、芸術とか、学問とかいった文化は、いわゆる〝有閑階級《ゆうかんかいきゅう》〟と結びつき、一般民衆とはかけ離れた存在でもありました。それが現代では大衆も余暇を持てる時代となってきたのです。つまり、それは、文化もまた、大衆のものであり、庶民の日常生活のなかに育《はぐく》まれていくことを示すものであると思います。

具体的に言えば、音楽を聴くとか、手芸を身につけるとか、詩をつくるとか、絵をかくとか、スポーツを楽しむとか、さまざまなことがあるでしょう。しかし、何をやるにしても、それには、労苦をいとわないでつき進む積極的な姿勢が必要だと私は思います。真剣さの伴《ともな》わないものには、喜びもないからです。

生きがいとは、目標をはっきりと自覚し、それを自分の責任において、汗《あせ》を流して遂《すい》行《こう》し、達成していくときに生《しょう》ずる充実感、満足感と言えるでしょう。また、それを通して、自分が人間的に成長したという実感、また人間関係を深めることができたという手ごたえ――こういったものが、生きがいをより大きなものにしていくのだと思います。

したがって、それは、たんに自分だけのことでなく、何らかの社会的意義を持った目標であること、一時的でなく永久性のあることが、より生きがいを大きくしていくことになります。

ただし、大切なことは、自分らしい何ら

かの目標を発見して――それが、どんなささいなことであっても――そこに、自分をぶつけてみることです。

むろん、人それぞれに環境も違い、立場も異なりますから、背のびして、何か特別なことをやろうと考える必要は、もうとうありません。最も身近な、手の届く範囲のことがらでよいのです。今、自分がやっているいることのなかに、新しい目標を打ち立てることもできるでしょう。見栄《みえ》は、長続きしません。かえって、その人格を下げることでさえあります。要は、自分自身が意義を感じているもの、やりがいのあるもの、それを主体的に選び、そこに思いきって挑《いど》んでみるという、前向きの姿勢が大切です。

それは、一人だけでできるものではなく、家族の協力が必要である場合もあるに違いありません。夫の生きがいのためには、妻の協力が必要であり、妻の生きがいのためには、夫の温《あたた》かい理解と協力が、限りない激励《げきれい》になることでありましょう。

それぞれが、自己を主張するという形で、生きがいを求め合うのではなく、互いに理解し、協力し合うことに重点をおいていけば、きっと社会のなかに美しい、潤《うるお》いのある家庭を築き上げていくことができると、私は信じてやみません。

そして、こうした、日常的な家庭生活を

ベースにして積極的に社会の場に躍《おど》り出ていくときに、生き生きとした自己を再発見するに違いありません。

これは、理想にすぎる話と思う人もいるかもしれません。しかし、その方向へと、忍耐強く、かじをとっていくことが、賢明《けんめい》な知恵であり、手腕ではないでしょうか。

溺愛《できあい》と躾《しつけ》と社会と

親の溺愛は、子どもには迷惑である

およそ世の中で何が可愛《かわい》いといっても、子どもほど可愛いものはありません。自分の子どもばかりでなく、他人の子どもも同様に可愛く私には思われます。いや、そればかりではない、動物の子ども、仔犬《こいぬ》や仔《こ》猫《ねこ》なども何とも可愛い。これらの小さい生物の無心なほほえましい動作を見ていると、心を洗われるような情感に思わずひたってしまうのは、誰《だれ》でも経験するところでありましょう。

その幼《おさな》い動作そのものが、生まれながらの無垢《むく》な愛を秘《ひ》めているのでしょうか。大人たちは、子どもたちへの愛情を知らずしらずに誘発されてしまうのは奇妙なことです。そして彼らを庇護《ひご》し、守ろうという感情をおさえることができない。何の打算もない本能的とも言える愛情がわいてくるのは、動かしがたいところです。庇護し育てようとすること、ここに教育というものの本然《ほんねん》の出発があると、私は思っています。

子どもを可愛《かわい》いと感ずる人は、誰でも教育者たる資格があると言ってよい。学校の先生たちだけが教育者ではなく、子どもが学校以外で学ぶところのものもいかに多いかを考える時、人間の集団そのものが教育者と言えないこともありません。

子どもを可愛いと思わないところに教育はない。しかし、真の教育者たることは容易ではありません。子どもをただ溺愛《できあい》している親たちのいかに多いかを見ても、教育の至難《しなん》さがうかがえます。本能的な感情で子どもを溺愛することはやさしいが、子どもの躍々《やくやく》たる人格の形成に立派に役立つような育て方となると、現代の親たちは自信を喪《うしな》っているようです。

実際、生まれるのはやさしいが、人とな

1999年12月

るのはむずかしい、という昔の諺《ことわざ》のとおり、教育が人となることにあるとするならば、放っておいても子は育つなどというわけにはいきません。

私もいささか齢《よわい》を重ねたせいか、嬰児《えいじ》から幼児に至るまでの微妙な過程をつぶさに観察する機会と心のゆとりとを持てるようになりました。幼《おさな》い子どもたちの可愛《かわい》さから始まったのは事実ですが、数多く接しているうちに、思いもかけないさまざまな経験もしました。その第一のものは、子どもの感情というものを、けっして軽く見てはいけないということです。感情だけに関して言えば、大人も子どももおそらく何の差別もありません。むしろ喜怒哀楽《きどあいらく》の感受性は、大人よりもはるかに子どものほうが鋭くまた的確であり、子どもの感情を未熟《みじゅく》と決めつけることはたいへんな誤りであると言えます。ただ子どもの感情表現の稚拙《ちせつ》さが、子ども言葉のもどかしさに似ていて、大人には感情の未熟さに思われるだけです。**彼らはその小さい頭に、感ずべきものはすべてちゃんと感じている。大人とまったく変わりなく感じているのです。**私は子どもの感情をからかったり、感受性を弄《もてあそ》んだりすることは、大人の傲慢《ごうまん》であり罪悪であるとさえ言いたいのです。

自分の感情を傷つけられた幼《おさな》い子ども

は、この世で最も悲しい顔をするものです。また喜びの感情がそのまま大人に共鳴《きょうめい》される時、彼らは天使のような笑顔をうかべます。——大人が子どもと接している時、少しばかり人類の先輩として、すでに教育をしていると言ってよい。大人は子どもに対してすべて教育者です。教育者である以上、幼《おさな》い子どもの感情における人格を一人前に認めるところから始めなければなりません。さもないと子どもの鋭敏《えいびん》な感情を傷つけるばかりでなく、ひいては陰のある子どもを育ててしまうことになりかねません。**幼児は、鋭い感受性で大人の無理解な横暴《おうぼう》の心を読みとっているものです。**

子どもの感情は、彼らの小さい全身にみなぎっていて、物事を順序を追って考えるといった論理的思考は、なかなか入る余地《よち》がない。大人と子どもの違いは、この知性の発達の差にあると言えましょう。つまり知性の成熟《せいじゅく》の深まりによって、大人か子どもかの精神状態が決定されるのであって、感情の熟《じゅく》、未熟《みじゅく》にはほとんど関係ないと言えるのではないでしょうか。

こんなわけで、大人たる教育者は、子どもの感情生活をけっして軽んじてはならないと、私は自《みずか》らを戒《いまし》めています。この戒めのためでしょうか、幼い子どもたちも私をえがたい共鳴者と喜び、歓声をあげて飛びついてくれます。私は幼児とはあまり断絶を感じません。子どもは、大人が自分に対してどのような気持ちを抱《いだ》いているか、それを的確に嗅《か》ぎわけることは、意外なほどであり、驚くべきことです。心に構えた理智《りち》によるものでないだけに、瞬時にして大人の心をも見抜くのでありましょう。

子どもを嫌い、虐待《ぎゃくたい》する事件があとを絶《た》ちませんが、それは断じて子どもの罪ではない。罪は大人自身にあると言ってよい。つまり、※玲瓏《れいろう》たる童心の一カケラをも喪失《そうしつ》してしまった大人の索漠《さくばく》たる心が、あらわに露呈《ろてい》しているのです。子どもの心に何も通じなくなった人間、それはすでに人間としての失格者と言ってもよいでしょう。子どもを虐待する大人というものは、人間としての自分をも殺している人だと私には思われます。

躾《しつけ》をほどこされることが子どもの幸せ

子どもが可愛《かわい》いあまり、溺愛《できあい》することは、大人にとって一番やさしいことですが、子どもは必ずしもそれを望《のぞ》んでいるのではありません。溺愛は子どもを大人の愛玩物《あいがんぶつ》としてしまうだけで、子どもにとってこれほど迷惑なこともなければ、不本意《ふほんい》なこともない。溺愛という大人のエゴイズムの犠牲《ぎせい》になるには、子どもは余りにも尊《とうと》すぎる存在です。大人がそのエゴイズムを去って冷静に考えてみればすぐわかることですが、幼児はすでにして未来からの使者という素質を持っているはずです。この幼児が将来、**どんなに社会のため、人類のために必要な人材となるかに思い至るならば、一人の子どもをもおろそかには扱えません。**いやが応にも一人の人間としての人格を認めざるをえない。子どもには過去はない、ひたすら未来に直進しているのです。したがって、ものを知ろうという意欲にもあふれ、常に好奇心に満ちみちています。嬰児《えいじ》のうちから、目が覚めていれば、一瞬もじっとしていることはない。何かを求め、変化を求め、手にするもの、口にするもの、耳にするものに鋭い反応を示します。大人がいつか忘れ去ってしまった生の躍動と溌剌《はつらつ》さというものが、子どもの五体をかけめぐっているのです。

この子どもの溌剌たる動きに、大人がどう聡明《そうめい》に対応していくかに、幼児教育の本領があるのでありましょう。

近年、人間の性格形成の根本は満三歳までに決定されるという学説がひろまって、幼児教育は注目をあつめるようになりました。

※**玲瓏**　宝石などが透き通り濁《にご》りのない様子。また金属や玉などの美しいさえた音。

フランスの諺《ことわざ》は、早くからこのことを指摘しておりました。――ゆりかごのなかでおぼえたことは、墓場まで続く、と。

幼児教育は人の一生にとって重大な意義を持つことになってきました。

子どもがこの世に生まれて、まっ先におぼえたことは、精神の骨格を形成していくはずです。この時期に親のエゴイズムによる溺愛《できあい》が子どもをスポイルしているとしたら、子どもが成人したとき、その痕跡《こんせき》は残ってしまうに違いありません。

子どもの来るべき未来を考えたとき、親はその子の未来のために、何を教え込み、何を避《さ》けさせるかに思い至らねばなりません。幼児教育などとかしこまらなくても、躾《しつけ》という言葉で昔から実践されてきたところのものを、親は心して行《おこな》えばいいのではないでしょうか。この躾に関して、わが国では戦後、なぜか二の次にされてきたようです。躾の伝統は欧米諸国のほうが厳しく守られていて、わが国の旅行者が外国で親と子の情景を見るたびに、はっとわれに返って気づくところのものとなってしまいました。

食事のマナーから始まって、就寝時間の厳守、客へのあいさつなど厳しいさまざまな日常訓練《くんれん》は、子どもを一人の独立した人格として躾《しつ》けようとする親のたゆまざる忍

1996年7月

耐のもとで行《おこな》われています。しかも厳しい躾《しつけ》にあっても、子どもは生来《せいらい》の陽気さと溌《はつ》剌《らつ》さを失っておりません。子どもの成人への未来を常に念頭においている親の慈愛が、みごとな躾をしているからです。これを見ても、子どもは溺愛《できあい》を望《のぞ》んでいるのではない、早く大人になりたいという衝動《しょうどう》から、進んで鍛えられることを本来望んでいるのが真実と言えましょう。

やりなおしのきかない人生というものを、後悔なく立派に送らせるため、可愛《かわい》い子どもを若い芽のうちから正しく育てようとする親の責任感が、長い市民生活の伝統から生まれたのでしょう。

日本では自分の子にはたとえ厳しい躾をしたとしても、他人の子どものいたずらを見て見ぬふりをする親もいます。欧米では、他人の子どもも見逃さず、その子の親の前であろうと、悪さは悪さとして叱責《しっせき》する姿を、まのあたりにしました。叱られた子の親も、じっと微笑《びしょう》して見守っています。わが国の親たちに溺愛の傾向が強いのは、市民生活の発達の深さが、未熟《みじゅく》であることにも一因があるように思われます。

この世に生まれた以上、幼児と言えどもすでに人類社会の一員であり、未来社会の有力な一員であるはずです。未来の社会を創《つく》る一員である幼児という存在は、けっして軽いものではない。ここに日常の幼児教育の重さがかかっています。

どんな教育も辛抱強く繰り返すことなしには、その目的を達することはできません。まして幼児においてはなおさらです。未来に生きる子どものためには、親の忍耐強い躾が早くからほどこされるのが、幸せなことであると言えましょう。

子どものためにも世界の平和を願う

躾という日本独特の言葉は、母親の裁縫《さいほう》から生まれました。着物を縫《ぬ》う時、その縫《ぬい》目《め》が整然とみごとにそろうように、あらかじめ布に仕付糸《しつけいと》をかけ、布の移動をおさえておいてから、本番の縫糸で縫うことです。本番のやりなおしのきかない人生のために、早ばやと幼児に仕付糸をかけることは、その子にとっての人生を尊く大切に思う親の真心《まごころ》ではないでしょうか。躾の効果というものは、目前のことのためではありません。やがて来るべき本番に備えてのことなのであります。

現在に執着する人は躾を怠《おこた》ります。そして、やがて本番に立った子どもの不始末《ふしまつ》に泣かねばなりません。人生はゆりかごから墓場へと通じているのです。よき芽が大木へと育つように、幼児という人間の発芽期《はつがき》の芽をどんなに慈《いつく》しみ大切にしても、しすぎるということはありません。雑草をぬき、肥料を与え、添木《そえぎ》をおくという細心な躾《しつけ》こそ、未来を担《にな》う立派な社会人を生む源泉でありましょう。

しかしながら、いつか時代は幼児にとっても生きがたい環境となってしまいました。一人で歩けるようになっても、うっかり道路には出られない。家庭事情から、一人で留守番することも強《し》いられる。情報の公害にもさらされる。幼《おさな》い体と魂《たましい》は、このような環境で育たなくてはならなくなりました。子どもを守るためには、親たちは躾のほかに、社会的にも精一杯の努力を今後ますますしなければならないと、覚悟をあらたにしなければなりません。

このような心痛む幼児の周辺を見るにつけ、それでもなお今の幼児は幸せだと思う一つのことがあります。――わが国の幼児は、この半世紀以上、戦争の害毒《がいどく》をまったく知らずに過ごすことができたということです。戦前から戦後にかけての数年の幼児に見られた栄養失調《えいようしっちょう》と餓死《がし》からは免《まぬが》れている。戦争で両親を失うような孤児はまったく見当たらない。戦後よく見かけた、よちよち歩きをやっとぬけたくらいの幼な子が、やせさらばえて額には皺《しわ》が寄り、まるで七十歳の老人のような表情でじっとしている、あの悲惨《ひさん》さはあとを絶《た》ちました。幸いなことです。親と子が平和のなかに――たとえ危《あや》うい平和であったとしても――暮らすことのできるありがたさは貴重なものと思わなければなりません。世界の恒久平和の樹立こそ、幼児のためにもなさねばならぬ大人の責務です。

それにつけても、世界各地でなお絶えない地域紛争や戦災の報道写真の数々に、私たちは心を痛めています。――戦場の一隅《いちぐう》で死んだ親にとりすがる幼児たち。家族と離れて見失ったのか、小さい子どもが背に幼児を負《お》って、とぼとぼと街道を歩いていく情景。どの子どももひどくやせています。うつろな眼《め》を空にむけている戦災孤児たち。幼児の体ですでに重い戦傷を受けてしまった多くの子どもたち。戦争の爪痕《つめあと》が彼らの一生に刻印《こくいん》されてしまったことを思う時、戦争の悲惨さは、戦争絶滅《ぜつめつ》の悲願へと向かわざるをえません。

乳の出なくなった母親の乳房を吸う幼児たちの口。餓死に迫《せま》られた数千万人のなかで、ひよわな幼児たちは、その最大の犠牲《ぎせい》者として死んでいかねばなりません。人類の社会は、月や宇宙に到達する知性を持ちましたが、このような卑近《ひきん》な悲惨さを放置しているのです。

幼児の周辺はまだまだ油断のならない状況にあります。躾とともに、幼児のためには社会との戦いを避《さ》けてはならないと、私は心ある人びとに訴えたいのです。

新しい父親のあり方

なぜ父親の〝権威《けんい》〟は失墜《しっつい》したのか

家庭における父親の立場は、母親のそれにくらべて、もともと弱いものである。

その昔、父親が、家族に対して、あらゆる面にわたる権限を持つことができたのは、家庭がすなわち〝職場〟でもあったからではないか。

現代において、大きく事情が異なっていることは言うまでもない。

近ごろ〝父親の権威が失墜した〟とよく論じられるが、それを「男の意気地《いくじ》のなさ」などといった原因に帰するというのでは、あまりにも不十分だと私は思う。

日本の社会は、特に昭和三十年代より、その経済成長とあいまって、急激な変動をとげてきた。言うなれば、経済の高度成長は古くからの家族制度の崩壊《ほうかい》という代償《だいしょう》によって、かちとられたとも言えるだろう。

この〝古い家族制度〟とは、農家や商家や、あるいは家内工業などに典型的に見られる、職場の顔をあわせ持った家庭である。父親は、この〝職場〟の長であるから、強い権限を持つことができた。とともに、それだけ大きい責任を負《お》っていたことも、もとよりである。それはともかく〝父親の権威〟とは、そうした家族制度を基盤《きばん》にしてでき上がっていたのであるから、土台が崩《くず》れれば、その上に立つ〝父親の権威〟も失墜するのは、当たり前のことではないだろうか。

家族制度の、この崩壊の過程については、私は経済学者でもないし、社会学者でもないから、細かい厳密《げんみつ》な分析《ぶんせき》はできない。ただ、誰《だれ》にでもわかる現象をあげると、地方の子どもたちが、有利な条件にひかれて都会に出て、大企業に就職していく。父親たちも、現金収入をふやすために、農業は老人や妻にまかせて、外へかせぎに出るようになった。商家は、デパートやスーパーマーケットに押され、家内工業は大企業のもとにのみこまれていった——と言えまいか。

このような経済成長期にはいる以前から、父親の権威《けんい》が失墜《しっつい》せざるをえない事態は、都会のサラリーマン家庭などでは起こっていた。それが、近年になって、旧来の安定勢力までも崩《くず》れ、あらゆる職業の、あらゆる階層の人びとが、この変革の渦《うず》にまきこまれるようになってしまったからであろう。

虹《にじ》を追う精神の自由と闊達《かったつ》さを……

では、こうした事情を考慮に入れたうえで、父親とは、どうあるべきものなのだろうか。「新しいあり方」と言えるかどうかは別にして、私なりに考えることを述べさせていただきたい。

一つは、**父親とは、家庭を経済的に養《やしな》うだけの存在であってはならない。父親というものは、心理的、精神的にも一家を養う存在でなければならない**、ということである。だからといって、特別にかまえる必要は、もとよりない。毅然《きぜん》としていること自体が、十分にたのもしいように、現実社会のなかに、懸命に生き、働いているその真《しん》

1969年　自宅にて

摯《し》な姿勢は、つくろわずして、家族に対する豊かな精神的栄養になると思うからだ。

さらに言えば、読書なども、仕事上の専門の本ばかりでなく、人間としての豊かさを与えてくれる書に親しむことが大切であろう。一般に、特に男性は、中年以上になると、ほとんど文学書を読まなくなると言われる。たしかにフィクションの世界は、現実主義者にとって関心が持てなくなるのは道理ではある。しかし、そうした現実主義こそ、精神の老化と涸渇《こかつ》の徴候《ちょうこう》であり、養分も味気もない人間になりつつある証拠であることに気づくべきであろう。

男の持つ、魅力の一つは、現実をふまえながらも、現実だけに終わらない、一種の理想主義、ある意味では夢の世界へさえ飛び出そうとする、虹《にじ》を追う精神の自由と闊《かっ》達《たつ》さにあると言っては言い過ぎだろうか。

青少年の非行化に関連して、必ず出てくる問題に、父親と子どもとの心の対話の欠《けつ》如《じょ》がある。仕事の鬼となっている父親、夢も希望もなく、現実のなかにのめり込んでいる父親に対して、子どもは語りかけたくても、そのきっかけがなく、入っていけるゆとりがないのであろう。父親が、心広びろとゆとりを持ち、また、そのようなゆとりの領域を広げていれば、それが自然に対話の共通の広場になっていくのではないだろうか。

毅然《きぜん》たる態度といっさいを包容する広さ

ともあれ、外に出て働いている父親は、そこでの苦労を妻や子どもに、十分には知ってもらえないのが普通である。その労働の報酬《ほうしゅう》である収入も、家族にとっては、それが当たり前のようになって、そのためには父親を尊敬するとか、大事にするとかということは、滅多《めった》にない。

「母の日」はおぼえてくれているが、「父の日」は、およそ無視されるのが常である。

人間は経済的恩恵に対しては、やがて慣れっこになり、感謝の気持ちなど忘れてしまうものだ。むしろ、その少ないことに不満を鳴らすようにさえなる。厄介《やっかい》と言えば、人間ぐらい厄介な動物は、なかろう。しかし、精神的恩恵、精神的な豊かさを与えてくれるものに対しては、いつまでも感謝の気持ちを失わないし、敬意を払うものである。父親の〝権威《けんい》〟というものがあるとすれば、私は、この精神的な面にこそ求められるべきだと考えたい。

父親は、家庭の細かいことや、子どもに対して、うるさい存在であってはならない。毅然として男らしく、ある意味では超然としているべきだと私は思う。母親は躾《しつけ》に厳しく、教育等にも、ある程度は口うるさい存在であってよいが……**父親は悠然《ゆうぜん》としていて、いっさいを包容していくような広さを持たねばならない**と考える。

　しかし、人間としての生き方の根本にかかわるような問題については、厳然と子どもをさとし、引っぱっていく決意が、また必要であろう。何が人間として大事なことか、何が人生において基本的なことか、そうした物の見方や考え方を教え、それに対する処し方を躾《しつ》けていくのは、まず父親でなくてはならない。このような賢明《けんめい》さ、当をえた躾《しつけ》というものは、子どもの人生にとって、かけがえのない宝となり、父親に対する尊敬の念は、生涯《しょうがい》にわたって、消えぬものとなるに違いない。

信仰とは何か？

信仰について無関心な日本人

人間にとって、信仰というものは、おそらく人間が人間になって以来、たえず、つきまとってきたものと言ってよいでしょう。

人間が人間になって以来、という表現は、あまり妥当《だとう》ではないかもしれませんが、人間の進化の歴史をたどるうえで、〝神秘なものへの畏敬《いけい》〟ということが、一つの重要な目安となっていることを考えていただければ、その意味は、十分理解していただけると思います。

今日、日本人のほとんどは、この信仰という問題について、きわめて無関心になっているようです。

世界的に見ても、日本人の信仰に対する冷淡さ、無関心の度は、多分、一頭地《いっとうち》を抜いているのではないかと思われます。たしかに、世界のさまざまな民族、なかんずく欧米諸国民の間でも、次第に、信仰というものについて、関心が薄まってきたことも否定できません。しかし、それは、むしろ、少数のインテリ階層の現象であって、庶民大衆は、大多数が、信仰の重要性を認めているし、信仰を持つのが当たり前であると考えているようです。ヨーロッパやアメリカで、若者たちが、伝統的なキリスト教に対して信仰心を失ってきているといっても、信仰そのものを捨てたわけではありません。だからこそ、多くのそうした若者は、禅やヨガなど、非キリスト教的なもののなかに、信仰の対象を求めているのではないでしょうか。

いかなる宗教に対しても、きわめて無信仰な態度をとる日本人は、この意味では、世界のなかの特異な存在と言えるようです。こう言えば、お正月には神社へ参詣《さんけい》し、法事は仏教の僧に頼み、結婚式を教会であげ、葬式は寺で行《おこな》うという、多彩な日本的宗教観は、日本人の信仰心の篤《あつ》さを示しているものではないか、という反論が出るかもしれません。私がここで問題にしたいのは、そのような人生の折節《おりふし》の行事のために、形式として行われる〝信仰〟ではなく、**人生の一本の筋としての、言いかえれば、人間の一生を貫く心の支えとしての〝信仰〟**という問題なのです。

私は、なにも説教じみたことを言うつもりはありません。ただ、私たちがこれまで考えてきた、信仰というものの実体《じったい》を、今一度吟味《ぎんみ》しなおし、そもそも人生において信仰とは必要なのか、必要でないのか、ま

1999年5月

た、その信仰と人生とは、どういう関係であるべきか等の問題について、一緒に考えてみたいと思うのです。

信仰の出発点

信仰とは、この人生のなかにあって、人間の力で処理できるものではない、ある力・法・現象に対する畏敬《いけい》が、その出発点になっているると言えそうです。もちろん、人生の外、人間の力の及ばないところと言っても、人生や人間存在と無関係なものではなく、外にありながら、強い影響を、人生に、人間存在に及ぼしているものであることは、言うまでもありません。

信仰のもともとの出発点が、一つは宇宙や自然界の力に対する畏敬と服従にあり、一つは生と死といった生命の不可思議に対する畏敬と研究にあったことは、この事情を如実《にょじつ》に示していると、私には思われます。

自然界の力に対する畏敬は、やがて、人間の知恵や集団の力が、自然の力に対する優位を勝ちとるようになって、そうしたすぐれた力を持つ個人や、集団の力（または、その象徴）に対する畏敬とその神格化へと変わっていきました。

たとえば、わが国で、山や川、樹々に宿ると考えられた神々は、自然界の力を神格化した例と言えます。「天照大神《※あまてらすおおみかみ》」は、もともとは太陽の恵みを神格化した女性でしょうが、やがて、そのまま、日本民族の先祖神と考えられるようになりました。本質的には、日本民族という集団の力を、体現化しようとしたものであると考えてよいでしょう。同じような過程は世界中、どの民族についてもいえるようです。

こうした外界の力に対する畏敬は、人間が自然を究《きわ》め、人間自身の力の支配下におくことによって、次第に神秘性を失っていくことは必然の流れです。

つまり、科学や技術の進歩、発達によって、このような淵源《えんげん》から流れてきた〝信仰〟は、もはや成立する基盤《きばん》を失いつつあると言っても過言ではないのです。もちろん、自然は、今も謎《なぞ》に包まれていますし、究めれば究めるほど、謎が深まることは、科学の先端を行く人びとの偽《いつわ》りのない感慨でもありましょう。しかし、だからと言って、それは、さらに鋭く深い探求の対象ではあっても、〝信仰〟の対象に逆戻《もど》りすることはなさそうです。

ところが、信仰のもう一つの淵源から発した、さらに深く神秘に包まれた流れは、人間の文明がどんなに発達し、そして、科学が進歩しても、少しも変わることなく続

※**天照大神**　高天原の主神で皇室の祖神とされる。「日の神」と仰がれ伊勢の皇大神宮に祀られている。

いております。この〝信仰〟の流れは、先の〝信仰〟が呪術的《じゅじゅつてき》であったのに対し、哲学的であり、先の〝信仰〟の結果として期待されたものが形而下的《けいじかてき》であったのに対し、これは形而上的《けいじじょうてき》であると言うことができます。

厳密《げんみつ》に言えば、いろいろな異論もあるでしょうが、今日、高等宗教と言われるものは、こうした哲学的、形而上的な一つの悟《さと》りを起点として打ち立てられたものです。生と死、生命の不可思議に対する畏敬《いけい》と探求の心を起点とした宗教信仰は、今も、その存在意義を失っていないばかりでなく、人間が人間として生きていく限り、絶対に、意義を失うことはありえないと思われます。なぜなら、**人間は、自己の存在や行為に対して、何らかの意味と意義を見出《みいだ》さないでは生きられない存在だからです。**

自己を照らす英知の光

近年、人間の〝生きがい〟ということが、盛んに論じられるようになってきたのは、その一つのあらわれです。職場においても、ただガムシャラに働いてきた、これまでの生き方にあきたらなくなり、何のために働くのか、それが自分なりに納得できる仕事をしたいという考え方が強まっております。

人間にとって、最も普遍的《ふへんてき》で、最も根源的な〝行為〟は、言うまでもなく〝生きる〟ということです。それは、何のためにその職場を選ぶか、何のためにその仕事をするか、というのとは比較にならない、根源的なテーマであり、しかも、あらゆる人に共通する問題です。また、何のためにその仕事をするのかということは、自分の人生に対する理想や、社会に対する考え方との関連で答えが得られます。それに対し、何のために生きるのかという問題は、現実のこの生や現実社会との関連だけでは解決されません。

この〝人生そのもの〟に意義を与えるのは、現実の生や、社会を超えたものでなければならないのです。人間の生は有限です。その彼方《かなた》には、誰《だれ》も知ることのできない、死の淵《ふち》がくろぐろと広がっています。死とは、いったい何なのか。**人間の生命は、死によっていっさい終わるのか、それとも、生きている私たちには見えない形で続いていくのか。**

仏教は、生命が不滅の実在であり、生といい死というものは、この生命があらわす変化の姿であるとし、この不滅の生命という実在から、人生の意義づけを説いた教えです。それは、**超越的な存在を現実を超えた彼方に求めるのでなく、私たちの生命そ**

れ自体に求める考え方です。

仏教は、最初から一個の哲人が生と死の問題に想いを凝《こ》らし、そこに開いた悟《さと》りから出発しました。生命は、現実にそれがあることを、誰《だれ》でも知っています。しかし、その本質は神秘に満ちており、底知れない謎《なぞ》に包まれているのです。

私自身の考えでは、生命の不可思議を起点とした信仰は、永久に失われることはないだろうと思っています。

ともあれ、信仰は、人生に対して強力な〝支え〟となり、幾多《いくた》の文明の基盤《きばん》となってきました。西欧における科学の進歩も、真理の究明は、神の摂理《※せつり》の偉大さを証明することであるという〝信仰〟の情熱なくしてはもたらされなかったでしょう。芸術もまた、神の造化の美を讃《たた》え、表現するという、やはり〝信仰〟にもとづいた情熱が生み出してきたとも言ってよい。

現代は、人間にとって、自《みずか》らの存在を問い直し、自らの進む道を再吟味《さいぎんみ》することを迫《せま》られている時代と言えます。その自己を照らす英知の光を、私たちは、いったい何に求めればよいでしょうか。もし、何ら反省もなく、物質的欲望と、官能的衝動《かんのうてきしょうどう》と、エゴイズムのおもむくままにつき進んでいったら、やがては、地球を破壊し、自らも滅びることになってしまうでしょう。人生と信仰という、最も古い問題が、今、人類が滅びるかもしれないという危機に直面してみて、かえって最も新しい問題となってきつつあるのを、私は痛切に感じずにはいられないのです。

※摂理　自然界を支配する理法。

箴《しん》言《げん》

──あなたに贈る言葉

結婚

恋愛と結婚

人生を誤る衝動《しょうどう》の恋

恋は衝動的であり、激しく燃え上がると、身を滅ぼす危険も、もはや顧《かえり》みなくなる。自《みず》らの心を冷静に見極《みきわ》めるゆとりなど、どこかに忘れてしまうのが通例であるようだ。

もちろん、醜《みにく》い打算や、かけひきの具に恋を利用し、美しかるべき青春を濁《にご》らせてしまうようなことがあっては、残念なことだと思う。しかし、恋の衝動に終始し、人生を誤ることは、本人にとって、さらに大きい不幸である。特に、女性の場合は、どうしても被害も大きく、心に深い傷を残してしまう結果となる。

一生に一度、命がけで

若いときの恋愛は、男性を見る目がないから危《あや》うい。十人のなかで一番よいと思っても、二十人、三十人のなかに入ってみるともっとよい人がいる。百人のなかではどうかというと、その人が一位になるとは限らない。また別の立派な人を見ると、その人がよくなる。だから、あまり若いときに、あさましい恋愛をするのは私には賛成できません。恋は一生に一度、命がけですればよいのだ。

本ものの恋

恋愛のために、まわりと折り合いが悪くなり、仕事も手につかなくなって、自身が、いい加減になってきたら、その恋は本ものではない。恋するがゆえに、生命が生き生きと躍動し、仕事に張り合いが感じられ、まわりの人びとからも、いよいよ親しまれるようになったら、その恋は、本ものであると考えて、まず間違いなかろう。

美しい〝誤解〟と惨《みじ》めな〝理解〟

よく恋愛は美しい誤解であり、結婚は惨めな理解である、などと言われます。――たしかに、恋愛のときは、相手の一部分しか見えないものです。また、互いによく見せようとしているから、それぞれの「わがまま」は押し隠されています。ところが結婚すると、お互いに遠慮がなくなるし、今まで見えなかった欠陥《けっかん》が目についてきます。そこで、今までの恋愛が誤解によって生まれたことをはじめて理解し、惨めな気持ちになるというわけです。

1994年4月

理想的な結婚は、仮に恋愛が〝美しい誤解〟であったことに気づいたとしても、互いにそれをカバーし合い、守り合っていくことによって、営《いとな》まれていくものでしょう。若い二人のことですから、恋愛には、当然、誤解もあります。しかし、美しい夢は、二人でしっかり育《はぐく》んでいくべきです。それにはやはり、地についた、正しい〝目〟を失ってはならないと思うのです。

第三者に助言を求めよ

恋を、二人だけの秘密にしたいというのも、若い女性の心理としてはわからぬでもないが、それを不幸の落とし穴にしないためには、必ず、賢明《けんめい》な第三者に、助言を求めるようにすることが大事であろう。そして、恋をしている限り、自己の判断には、常に誤りを犯《おか》すおそれがつきまとっている、というぐらいにまで自分を客観視していくことだ。

恋愛は結婚の実を結ぶ花

恋愛と結婚とは、それぞれ独立した、別々のもののように考えられ、それが近代的な生き方であるように言われているが、私はそれは誤りであると思っている。やはり、真剣な恋愛は、結婚という実を結ぶための花でなければならない。

二人で離陸の準備を

恋に溺《おぼ》れ、自己を見失ってしまうか、自己を客観視しつつ、恋を生かしきっていけるか、恋愛という滑走《かっそう》を経《へ》て、結婚という離陸、上昇の成否が決定される。

恋愛と結婚の激動は、長い人生航路のスタートである。行く手にいかなる嵐《あらし》や気流の乱れがあろうと、びくともしないだけの機体整備を、飛び立つ前にしっかり、二人の力でやっておく必要がある。

結婚とは何か

建設の日々の始まり

結婚は、新しい人生の門出《かどで》の祝典《しゅくてん》である。それは同時に、建設の日々の始まりでなくてはならない。

新しい〝幸〟か〝不幸〟かへの出発

結婚は、女性にとって第二の人生であろう。この第二の人生は、その前の人生が幸せであったから、そのまま第二の人生も幸せになるとは限らないし、また、結婚前が不幸だったから、そのまま不幸の人生が続くとも限らない。第二の人生は、二人にとって、文字どおり新しい幸か不幸かへの出発でもあろう。

結婚は幸福へのゴールインではない

結婚は、ある場合には二人の愛の結果であり、恋愛のゴールインかもしれないが、それはそのまま幸福へのゴールインではない。

過酷なレースのスタート

結婚にゴールインするというのも、誤解を生みやすい、適切でない表現なのである。結婚は、むしろスタートと考えなくてはならない。しかも、夫は、妻と家庭に対する責任を、妻は、夫と家庭に対する責任という重荷を、それぞれ背負《お》った、過酷《かこく》なレースのスタートであると、私は考えている。

結婚生活は楽園ではない

現代女性は、一般的傾向として、結婚生活を楽しい幸せな未来の縮図《しゅくず》であるかのように単純に考えるところに、失望と破綻《はたん》をまねく根本的な原因があることを知る必要がある。むしろ結婚は、未婚時代にはなかった、新しい、さまざまな苦労が倍加すると覚悟してかかって当然なのである。

偉大な目的にともに進む

長い人生を何があっても、一人の男性とともに、同じ偉大な目的を持ってともどもに歩むことのできることに、結婚の真の幸福があると私は思っている。

相手の立場になって考える

結婚生活にとって大事なことは、相手の立場になって考えるという姿勢であると思います。男性のエゴイズムと女性のエゴイズムが衝突《しょうとつ》し合う家庭は悲惨《ひさん》です。愛情とは、相互の理解のなかに育《はぐく》まれていくものです。二つの心が、一つに溶け合うなかに、常に新鮮な生命が蘇《よみがえ》っていくに違いありません。

結婚生活の〝太い綱《つな》〟と〝網《あみ》の目〟

結婚生活の根底には、お互いの人格の尊重と深い信頼、そして理解し合うという努力が必要ではなかろうか。いわば相互の愛情、理解、思いやりといったものが太い綱である。だが、人生は太い綱だけで成《な》り立っているものではけっしてない。そこに、人生の機微《きび》という細かい網の目が無数につながり合っている。日常生活のささいなトラブルは、すべてこの網の目の一つ一つのもつれなのである。

網の目が少しもつれたからといって、夫

婦は太い綱《つな》を手放すことがあってはならない。太い綱さえしっかりにぎっていれば、網目をとくのは、努力しだいでいくらでもできよう。もし、太い綱を手放してしまえば、何もなくなってしまう。

結婚の条件

強い愛情の絆《きずな》

結婚するにあたって、家柄や、財産、地位、名声などを必要以上に気にする人がいるが、これらは結婚の決定的な要素ではない。

最も大切なものは、二人を結びつける強い愛情であろう。強い愛情とは、相手だけしか目に入らないということでもなければ、一時に燃え上がる烈《はげ》しい感情を言うのでもない。

慎重に判断をくだすこと

自分の愛する人が、一生を託《たく》するにふさわしい人であるかどうか、たんなる一時的な情熱だけで、長続きしない人ではないかどうか、二人で仲よく、力を合わせて家庭を築いていけるかどうか。あらゆる角度から慎重に考え、判断をくだしていくべきであろう。

そうした、あらゆる条件を考慮したうえ

2005年5月

で、もし、互いの愛情が十分に強いものであり、自信もあり、人びとからも祝福されるものであったならば、堂々と胸をはって結婚に進んでいくのが正しい。

風波に耐えうる心のつながり

結婚生活は、社会の風雪《ふうせつ》や、内に起こるさまざまな波乱に十分耐えうる、夫婦の心のつながりがなければならない。

死ぬまで続くことを前提に

結婚生活は、どちらかが死ぬまで続くものだ。少なくとも、それを前提としたうえの、二人の結びつきが結婚というものではないだろうか。してみれば、その愛情は、生涯《しょうがい》にわたって続く息の長いものでなくてはならない。

風雪に身をさらす覚悟

独身時代には、親兄弟という貴重な庇護《ひご》者が、後ろについていて、いざというときは、風雪から守ってくれた。結婚して、家庭を持つからには——直接、風雪に身をさらす覚悟が絶対に必要である。いな、今度は、自分たちが、二人の間に生まれてくる子どもたちのために、庇護者になっていかねばならぬのだ。これが結婚を考えるうえでの、最も心しなければならないポイントであると、私は訴えておきたい。

特質を伸ばし合う

男には男の道があり、女には女の道がある。両方がそれぞれの特質を伸ばし、そのうえで協力し、助け合っていくところに、本来の人間社会の姿があると言いたい。

適齢期

〝いくつ〟ではなく〝いつ〟

適齢期は、けっして肉体的な年齢だけで決まるものではない。つまり、精神的なものとか、その人の立場、境遇《きょうぐう》、さらには宿命の問題等が総合されて、その人なりの適齢期があるということです。

問題は、いくつで結婚するかではなく、いつ結婚するかである。つまり、ほかの人と比較して早いとか遅いとかではなく、自分自身にとって幸せな結婚かどうか、ということです。

結婚のチャンス

結婚には、たしかにチャンスというものがあるようです。具体的にどういうときにということは言えませんが、年齢、経験、交際、周囲の状況、生活の基盤《きばん》等のさまざまな要素が、一つになったときとでも言いましょうか。
交際範囲が昔よりも広がったことは事実ですが、それでも、なかなか、結婚相手ともなると、そう簡単に見つかるものではありません。そこで、周囲の人が気づかって、いろいろ紹介してくれることになるわけですが、そうした好意も、一つのチャンスと見てよいのではないでしょうか。

結婚に〝季節はずれ〟はない

だれでも、恋愛をすると有頂天《うちょうてん》になります。ところが結婚すると、「結婚は恋愛の墓場だ」といって、嘆《なげ》いたり愚痴《ぐち》を言ったりします。

結婚は結果です。じつは、有頂天の恋愛のなかに魔がひそんでいたのです。熟慮《じゅくりょ》を要するときに、この魔は、人をせきたてる。あせりは禁物です。
トルストイも言っています。「急いで結婚する必要はない。結婚は果物と違って、いくら遅くても季節はずれになることはない」と――。

男性を見る目

いっさいの虚飾《きょしょく》を取り去って

男は裸にして見なければ、その偉大さはわからない。肩書や財産や学歴などで評価するのは愚かなことです。立派な洋服を着て、立派な肩書を持っていても、本当に男らしい男性がいったい何人いることか。地位、財産、学歴、個人的な感情などを、全部取り去って考えてみればわかるのです。いっさいの虚飾を男から取ってみなければ真価はわからない。すべてをかなぐり捨てた、その男性のなかに何があるかを見極《みきわ》めていくのです。

短所を見極めること

一人の人間に、すべてを要求することは当然、無理である。しかし、夫として選ぶ以上は、相手にどんな欠陥《けっかん》があり、どのような短所があるかをよく見極め、その欠陥なり、短所を、どのように自分がカバーしていけるかを自覚し、その自信を持ったうえで、結婚に踏み切ることが大切ではなかろうか。

相手の人格を全体的に認識する

女性にとって、大切なことは、相手の男性の人格を全体的に認識することではないだろうか。特に、外面の服装や、容貌《ようぼう》などといった、上べのみに目をくらませられないことであろう。大胆であっても、思慮《しりょ》がなければならない。バイタリティーがあっても、やさしい心づかいがなければ、結局、あとになって泣かされるのは女性なのだ。

愛について

生命の大地に咲き薫《かお》る花

愛とは、生命の大地に咲き薫る花である。胸中に燃える美しき火でもあろうか。あるいは、人間讃歌《さんか》の歌声であろうか。

生命の温《あたた》かなふれ合い

親子の愛、夫婦の愛、恋人同士の愛、友愛等――さまざまな愛があろうが、その中に流れゆくものは、いつも生命と生命との温かいふれ合いであるのだ。ときには、激流と激流との衝突のごとく、ときには恍惚《こうこつ》の酔いのごとく、そしてときには、春風のごとく、小川のせせらぎのごとく、愛は、豊かな人生の調べを奏《かな》でている。さまざまな人間模様が、常に描かれゆくのも、まさに、この愛ゆえではないだろうか。

愛とは生の証《あかし》

愛するということは、人間の本然《ほんねん》の姿であると思う。いかなる人でも、生きている以上、そこには愛の鼓動がある。愛するゆえに、希望があり、喜びがあり、また、苦悩も、苦しみもあるのではなかろうか。愛とは、いわば生の証である。

内から発《はっ》する真実の告白

愛というものは、人間の内から発する真実の告白である。たんなる言葉だけの愛、あなたを利用して自己を満足させればよいといった仮面の愛は、見破っていかねばならない。

愛なき人生は不毛の砂漠

シラーは「愛の光なき人生は無価値なり」と叫んだ。まことに、愛を失った人生は、生ける屍《しかばね》であり、砂漠のごとく不毛であり、コンクリートのように冷たい。そこには、生の謳歌《おうか》などはなくなっている。

二つの愛のタイプ

愛とは何かと言うに、私は、少なくとも二つのタイプがあると考える。一つは、エゴイスティックな愛で愛するがゆえに、どこまでも相手の犠牲《ぎせい》と服従を求めるものである。もう一つは、これと正反対に、自《みずか》らを犠牲にし、相手に尽くしていこうとする愛である。

愛の破滅が多いのはなぜか

愛の、美しい響きとは逆に、どうして現実は、愛の破滅が多いのであろうか。愛とは、こよなく美しく、こよなく尊《とうと》いものではなかったのか。

私は、このような愛には、何かが欠けているように思えてならない。それは、一つには、愛の根本に、深い信頼の絆《きずな》がないからであり、無意識のうちにも、自己のエゴイズムが支配的になっているからではないだろうか。もう一つは、これと関連することであるが、自己を生かし、他をも生かしていく、創造の愛ではないからではなかろうか。

生涯《しょうがい》をともにする決意

本当の愛情は、愛し合う双方の、生涯をともにするとの決意と、未来を志向する英知から生《しょう》ずる。

創造なき愛は溺愛《できあい》

愛は、けっして定型化された人間関係ではない。相互の信頼を根本に、常に建設し、創造していくものであると私は考えている。けっして過去のものでも、現在の刹那《せつな》（一瞬間）だけのものでもない。未来に向かって、永遠に築いていくものであろう。

創造なき愛は、溺愛にすぎない。

信頼と寛容と理解のなかに芽生《めば》える

人間として信頼し合い、寛容と理解のなかに、互いに啓発し合い、創造し合っていくことが、最も大切に思えてならぬ。そのなかに愛は芽生え、成長し、やがて生涯に

2003年4月

崩《くず》れぬ真実の愛となって、人生を有意義に、美しき色彩をもって飾っていくに違いない。

試練《しれん》を経《へ》てこそ真の愛情

深い愛情と理解をもって、互いに励まし合い、助け合っていくことが大切だ。ともに手をとり合って、一つ一つの苦難《くなん》をのりこえることによって、本当の愛情が生まれるとも言えまいか。そうした試練を経ない愛情は、それがいかに純粋で、烈《はげ》しく、美しいものであっても、まだ、磨《みが》かないダイヤの原石にひとしいものであると言いたい。

献身的な愛

私が、現代の生きがいとして、献身的な愛をあげるのは、制度的あるいは周囲の圧力によって押しつけられた自己犠牲《ぎせい》を言うのではけっしてない。それはもはや犠牲ではない。むしろ自己蘇生《そせい》とでも言うべきであろう。

生きがいとは、自分が自分の理性で、そこに理想を見出《みいだ》し、自分の主体的な意志で、自己の生命を燃焼させきっていけることである。それは、あくまでも主体的なものであって、主体性が失われれば、もはや、そこには生きがいはありえないであろう。

夫婦を支えるもの

夫婦というものは、言うまでもなく、もともとは、血のつながりも何もない赤の他人である。それが、縁あって、生活の苦楽をともにし、二人の血をうけた子をもうけ、人類の悠久《ゆうきゅう》の歴史のなかに、確固たる痕跡《こんせき》を残していくのである。これを支えるものは、何といっても、互いの愛情の絆《きずな》であることは当然の理《ことわり》だ。

妻

妻のあり方

権力欲、名誉欲は逆効果

夫を偉くしたいとあせる妻の存在は、結局は逆な効果しか生まない。夫や子どもを叱咤《しった》することによって、自分の権力欲、名誉欲を満たそうとする。夫の仕事ぶりを批判したり、夫をさしおいて会社の上役へのお世辞に狂奔《きょうほん》したり、また子どもを有名校へ合格させようと熱中したりすることは、かえって逆効果になってしまう場合もある。

夫が苦境に立たされたとき

男一匹、生活力を失ったときほど、辛《つら》い惨《みじ》めなことはないのです。まったくどうしようもない。それを傍《そば》でガミガミやられたら、実にたまったものじゃない。ガミガミ言って、それで宿命が変わるものなら、こんな簡単なことはない。そうはいかないのです。結局のところ、貧乏運を福運に変えることです。

夫の嘘《うそ》に対して

もし夫が嘘をついていると見破っても、しらん顔してそれを許す度量《※どりょう》と、これはということは、おさえる、許さないという一面が必要である。そうすれば、ききめがある。

生涯《しょうがい》、最大の親友として

夫の身を誰《だれ》よりも心配しているのは、妻であり、親である。愛情のある人たちの理解はあやまたない。親友とは、そのような絆《きずな》で結ばれた相許《あいゆる》す仲間のことである。妻を最高の親友にする夫は、最大の親友を生涯得たことになる。

愚痴《ぐち》に建設はない

妻はけっして愚痴をこぼしてはならない。どんなに愚痴をこぼしても、そこには何の建設もない。

男性の力は女性によって決まる

男性の力といっても、究極的には女性によって決まってしまうと言ってよい。妻が賢明《けんめい》であれば、男性は安心して、職場、社会でも縦横《じゅうおう》に力を発揮していくことができるものである。

夫婦喧嘩《げんか》

夫婦喧嘩のまったくない家庭は、死火山のようなものだ。味気ない限りであるが、そのために不平不満がたまりたまって、死火山が一度に爆発すると恐ろしい。山容《さんよう》を改めるばかりでない、火山弾《かざんだん》や火山灰で被害甚大《じんだい》という大きな影響を、家族全員に与えることになる。

欠点ばかりあげれば、人間これほど始末《しまつ》の悪いものはない。また長所を認《みと》め合えば、これほど頼もしく、これほど美しいものはない。「夫婦喧嘩のときには、結婚当初のことを思い出せ」と哲人が言ったが、これ

※**度量**　長さと容積、尺と枡。転じて心が広く人を受け入れる性質。

ほど至言《しげん》はない。

よき妻とはよき人間である

本当の〝よき妻〟であること、また〝よき母〟であることは、人間としての尊《とうと》さを離れてあるものではない。特に、現今《げんこん》の家族にあっては、人間性を度外視して、〝よき嫁〟を求めるといういき方は、とうの昔に捨て去られている。

根底にあるのは〝人間〟

人間として、ということは、妻として、とか、母として、とかより、さらに深い根底にあるものだ。当たり前のことを言うようだが、妻でない女性、母でない女性はあっても、人間でない女性はありえない。また、妻であり、母であったとしても、同時に人間であることからは、免《まぬが》れないはずである。

人間であることを忘れ、妻なり、母親としてのみ生きようとする人生は、やがて惰《だ》性《せい》に陥《おちい》り、家庭のなかに亀裂《きれつ》を生《しょう》じていくに違いない。

人生の有終《ゆうしゅう》の美《び》を飾るものは

人生において、いつまでも妻であり、母であることはできない。子どもが成長し、独立すれば、ひとまずは母親の役目は終え

1975年　母・いちさん(中央左)、義母・静子さん、夫人と

たことになる。また、夫に先立たれる場合もある。そうした冷厳《れいげん》な現実に目を閉《と》ざし、現在の幸福のみを追い求めても、それは甘い夢にすぎない。人生の最終コースにあっては「人間」が残るだけである。してみれば、人生の有終《※ゆうしゅう》の美《び》を飾るものは、人間としての幸福であり、それが実像であると言ってよい。

妻の役割

朝は「いってらっしゃい」と笑顔で

朝だけは、たとえどんなにいやなことがあっても、「いってらっしゃい」と笑顔で送り出してほしい。がまんしてでも、そうすることだ。まことに、玄関先の出勤間際《まぎわ》の一瞬《いっしゅん》というのは、実は家庭と社会とのつなぎ目の大切な一瞬である。このつなぎ目が支障《ししょう》をきたすと、社会と家庭の流通関係が、ダメになる。家庭への血行はとまり、貧血症状を呈《てい》することになる。

たしかに、朝、送り出してくれるときの家族の愛情に満ちた笑顔は、一日の仕事の意欲に敏感に影響するのである。己《おのれ》をおさえた聡明《そうめい》な愛情が、結局は家族を生かしていくのである。

夫のよきパートナー

よき妻とは、夫にとってよきパートナーである。夫と妻との相互の「人格」が美しい和音を奏《かな》でていくのが、家庭の理想というものであろう。

夫にとってやすらぎの大地

夫にとって妻は大地のようなものである。その磐石《ばんじゃく》な安定感、汲《く》んでも尽きない豊かさ、それでいて微妙に変化する敏感さ、そこに男は心のやすらぎを求める。心身の疲れをいやし、明日への活力を養《やしな》う。

家庭を心のオアシスにする工夫を

社会は戦場であり、緊張の連続の舞台であると言えよう。家庭はただ一つの心のオアシスであり、安堵《あんど》の場と言っても過言ではない。それを考えると、最も心を休め、疲れをいやすことのできるような工夫をすることが、家族としての大事な、そして賢明《けんめい》なつとめになってくるように思えてならない。

まず妻としての任務を果たす

夫は夫として、妻は妻として、その任務を果たしていくべきではなかろうか。それ

※有終の美　最後までやり通し立派な成果をあげること。

が幸せで明るい家庭を築いていく絶対の条件であると思うからである。幸福な家庭の建設は、人生の幸福の基盤《きばん》であると考えるからだ。

その任務を果たしたうえで、自分も社会に出てそれなりの仕事を持ち、広い舞台で大いに活躍することが、最も理想的であるように思えてならない。

夫婦というもの

妻は弓、夫は矢

わが国のある大哲人は、妻を弓にたとえ、夫を矢にたとえて夫婦のあり方を教えている。夫がどれだけ社会の大空に雄飛《ゆうひ》し、力強く社会で闘《たたか》っていけるかは、ひとえに妻の力にかかっているという意味である。

また、その大哲人は、妻というものは「夫に従って夫を従わせるもの」とも言っている。

偉大な英知から出た、みごとな家庭経営法と言うべきであろう。

長所と短所を理解しつつ、向上

夫婦というものは、お互いの長所と短所を理解し、おぎない合いつつ向上していくことが、何よりも望《のぞ》ましい。

1994年5月

従って従わせる巧《たく》みさ

妻の側から言うならば、夫を理解することはもちろんだが、従って従わせる巧みな賢明《けんめい》さがなければならない。

人間関係のなかで、夫婦ほど密接で厄介《やっかい》な関係もない。いったん結婚すれば、二十年、三十年と顔をつき合わせて生活をしなければならない。長所も短所もことごとく知ってしまうし、気心《きごころ》がわかっているだけに、勝手なわがままを相手に押《お》しつけるようにもなる。

相手を心服させるだけの努力

人は誰《だれ》でも、一面、生まれながらのエゴイストである。これは残念ながら真理だが、このような本来の葛藤《かっとう》のなかで、互いに向上を願うならば、それはたくましい成長をもたらすだろう。相手をただ権力で屈《くっ》服《ぷく》させようとすることは非人間的行為である。相手を心服させるだけの努力が、まず自分になければならない。

食い違いと話し合い

なにしろ、今まで互いに異なった環境のなかで別々に生活してきた男女が、一つの新しい共同生活を始めるのである。愛し合っているのだから何事も一致《いっち》できると思うのはあやまりであろう。毎日毎日、実にたくさんの食い違いがあることを発見して、驚きの連続なのに違いなかろう。

大は思想や人生観の違いから、小は食べものの好ききらいに至るまで、二人の間にはいろいろな違いがあるものである。しかも、人間は感情の動物でもあり、ちょっとした食い違いが感情の増幅作用《ぞうふくさよう》になって、思いがけない波乱になってしまうこともある。

大切なのは対話である。波乱をおそれてお互いに本心を話し合わず、不満と不信が鬱積《うっせき》して、ついに破綻《はたん》に陥《おちい》るより、思うことを何でも話し合うことのほうが、はるかによいと思う。

真心《まごころ》の会話が奏《かな》でる交響曲《シンフォニー》

いかなる人間関係においてもそうだが、言葉というものは、大切な役目を果たす。特に夫婦生活は、長い会話であると言った哲人もいる。ときには、いたわりと慰《なぐさ》めと励ましの言葉も必要だ。

結婚生活とは、一人の男性の奏でる旋律《せんりつ》と、一人の女性の奏でる旋律との交響曲であり、その和音を豊かなものにするために、たえざる人間対人間の誠実な心の交流があるべきではないだろうか。

最初の決意が大切

結婚に際しては、最初の決意が大切であ

る。失敗だったら別れようなどという安易な気持ちであってはならない。二人で一生《いっしょう》涯《がい》、何があっても力を合わせて、すばらしい家庭を築こうという決意があって、はじめてそうなるのである。

本能的愛を精神的愛に高める

夫婦愛というものは、本能的な愛や情熱を、英知によって精神的、人間的な愛にまで高め合っていくときに、よりふくよかな夫婦愛となる。

互いに尽くしていく心

二人が、家庭という、きわめて現実的な、共通の生活の基盤《きばん》に立たない間は――つまり、単なる恋人同士である段階では、わがままを言っても、それほど衝突することはないであろう。しかし、夫婦となると、一方のエゴイズムは、必ず他方の犠牲《ぎせい》を伴《ともな》わずには成《な》り立たない。したがって、夫婦間の愛情は、おのずと、自《みずか》らを犠牲にしてでも、相手に尽くしていくものとならざるをえない。

いっさいが絆《きずな》を深める複合的な糸

恋人の場合は、愛というものをきわめて純化された形でとらえるのに対し、夫婦の現実の生活が厳しくからんだ愛は、ともすれば、不純なもののように見られやすい。だが、それは浅い考え方だと、私は思う。深い愛情で結ばれた夫婦にあっては、家庭生活という現実のいっさいが、二人の愛の絆を強め、さらに深めていく、複合的な糸となっていると言えまいか。

結び合わせている幸福の絆

夫婦を結び合わせている幸福の絆は、また愛情という純粋な心である。それなくして惰性《だせい》とわがままと体裁《ていさい》によって結ばれている関係は、夫にとっても妻にとっても息苦しい、重苦しい絆でしかない。いわば、二人を結び合わせている幸福の黄金の絆が、二人を重々しく束縛《そくばく》する不幸の鉄鎖《てっさ》に変わってしまうことになる。夫を従わせていると思って、実は、はるか遠くに追いやっている場合が多い。

のぞき合うより同じ方向を見つめて

愛情を求めて、愛情に傷つく人生が、何と多いことか。

愛情の確認は、幸福の確認であってみれば、互いに相手の心をのぞこうとするのも、無理のないことである。しかし、のぞいたところで、あるいは解剖《かいぼう》したところで、心というものがわかるはずもない。刹那《せつな》の手ごたえしかわからない。互いの心を見つめることが、どんなにはかないかを知ったとき『夜間飛行』の作者サン・テグジュペリ※の賢い言葉を、私は思い出す。

「愛する——それはお互いに見つめ合うことではなくて、一緒に、同じ方向を見つめることである」

男女のこの世の人生飛行法の極意《ごくい》は、こんなところにあるらしい。

子どもの誕生がもたらすもの

子どもという一人の人間の誕生は、夫婦の社会人としての成長を、いやでも促《うなが》さずにはおかない。夫は我慢《がまん》強くなり、妻は母という大きな人間的成長へ進む。二人は社会に対して忍耐強くなり、娑婆《※しゃば》世界という堪忍《かんにん》の世界が、この社会であることを納得するようになるはずだ。

※サン・テグジュペリ　アントワーヌ・ド・サン＝テグジュペリ（1900〜1944年）フランスの飛行家、作家。郵便飛行機のパイロットとして欧州―南米の飛行航路開拓などにも携わった。『星の王子さま』で有名。

※**娑婆世界**　仏教で説かれる、苦しみが多く、忍耐すべき世界。人間が住む現実のこの世。転じて、俗世間のことを言う。

母

母親の条件

女性の気高《けだか》き美しさ

母となった人が、新しい生命を全魂《ぜんこん》かたむけて慈《いつく》しみ、育《はぐく》むとき、女性としての気高き美しさを全身にたたえるのではないだろうか。

誇り高き任務

子を産み、育てる母親の仕事ほど、苦労の多いものはあるまい。さらに、これほど崇高《すうこう》にして、誇り高き任務もないであろう。最高にして、最大の幸福が、ここにある。

無償《むしょう》の母性愛

母の愛情は無償の行為であるとき、それは貴《とうと》く輝いている。少しでも打算的で、母親の名誉欲や依存欲《いぞんよく》がからんでくるときは、母性を自《みずか》ら汚《けが》すものだ。それは子どもに敏感に反映せざるをえない。

女性の最大の特権

濁《にご》らない玲瓏《れいろう》な母性愛、率直にして自然な母性愛は、慈悲《じひ》の大河と言ってもよい。男性にはない、女性の最大の特権は、母性愛である。

献身的な愛の典型

献身的な愛の典型は母性愛である。子どものなかに自分を投げ捨てる、それほど徹底しているのが母性愛であり、それは生命の本能と言える。しかし、ときとして、やみくもな愛に陥《おちい》りやすい危険もある。

ゆえに賢《かしこ》さが大切となる。

輝く家庭のクイーンとして

母の存在とは、何かと考えると——一家における太陽であり、大地だと思う。人間の生命を育《はぐく》む力、これほど偉大な、尊《とうと》い力はどこにもない。まさに、母こそ、家庭の中核《ちゅうかく》であり、主役であり、まことの女王《クイーン》なのだ。

子どもが〝誇り〟とする人に

母親になったからといって——自己の成長を忘れ、世帯《しょたい》づかれして、いたずらにふけ込んでいくのでなく、常に溌剌《はつらつ》と若々しく、子どもにとっても誇りとされる母親であってほしいと思う。

母・いちさんと香峯子夫人

勇気与える温《あたた》かい生命《いのち》

雨が降ろうが、風が吹こうが、寒さにふるえようが、または傷つき敗れても、家庭に帰って、母の温かい生命にふれさえすれば、心身の傷はいいえ、明日はふたたび新しい息吹《いぶき》をたたえ、しっかりと大地をふみしめ、未来への道を歩んでいけるものである。

信頼と安心の対象

子どもたちにとって、母親は、絶対の信頼と安心の唯一の対象である。その愛情に満ちみちた温かい胸は、無限の生命力の泉である。

外から帰ってきた子どもたちは「ただいま」に答える母の「おかえり」という一言を、どれほどうれしく思い、どれほど勇気づけられることであろうか。

母は魂《たましい》のふるさと

誰《たれ》びとにとっても、母親は魂のふるさとであり、生命のオアシスである。

生まれ落ちたばかりの赤ん坊ほど、かよわい存在はない。この何の抵抗力も、生活力もない幼き生命に、強く、深い愛情で献身的に体当たりで、守り、育ててくれるのが母親なのである。

死んではならない！

母親を持たぬ子どもは、かわいそうである。誰びとたりとも、母に代《か》わり得《う》べき人はいない。だから、私はいつも〝母親は死んではならない〟と強く言うのである。子どもの苦労を思えば、母親は生きぬくこと自体が何よりも大切なことなのである。

〝悪い子〟もいとおしむ心

たとえ、子どもが世間で悪事を働いて社会から葬《ほうむ》られるような場合でも、母の心は、それを許して、子どもの唯一の理解者とならざるをえない。母の悲哀《ひあい》が深ければ深いほど、その子をいとおしむ心も深い。父と母との、子どもに対する差異《さい》は、このような場合に最も鮮明にあらわれるものだ。

子どもの更生

悪に染《そ》まった子どもの更生は、母の本源的な愛から生まれた知恵に俟《ま》つところが大きいのではないだろうか。

聡明《そうめい》な母親

子どもにとっては、あらゆるものが、人生の教師であり、教材であるのだ。これを理解し、正しく導き、のびのびと個性を伸ばし、幅広く成長させていくことこそ、聡明な母親としてのつとめではないだろうか。

母の人間観が子どもに反映

肩書や財産などは、人間性の本質にとっては、枝葉末節《しようまっせつ》であることを教えておきたい。むろん、教えるといっても、言葉だけではない。母親の人間観が、自然とにじみ出て子どもに反映していくのである。この、身をもって教え、育てた正しい人間観、美しい人間性が、やがて子どもたちを、民主主義の時代に合致《がっち》した、力強い人間像へと育て上げていくことと思う。

誠実な生き方を教える

人間らしい、誠実な、正しい生き方を教えるのが母親の責任ではあるまいか。見栄《みえ》を張って、ただ有名校に入り、割のよい職業につくことが幸福なのではない。ごまかしの人生を生きさせようとすることは、子どもの幸福を願っているようであって、実は子どもを人間として不幸にするために、躍起《やっき》になっている場合があることを知っていただきたい。

人間としての鏡

母親は、子どもにとって、人間としての先輩であり、手本であり、鏡であると言うことができる。子どもは、母親の姿を通して「人間としてのあり方」を学びとっていくものです。

賢明《けんめい》な船頭さん

愛情のない母親はまずいない。要は、その愛情の注ぎ方に、手落ちや気ままや気まぐれがあれば、かえって子どもの人格を傷つけ、ゆがんだ性質にしてしまうことに気づかねばならない。

子どもには子どもの原理がある。それをよくのみ込み、子どもの心の流れにそって巧《たく》みにあやつり導いていく、賢明な船頭でなければならないと思う。

子ども

高度な話も旺盛《おうせい》に吸収

世界平和の問題や、自由や平等や正義の問題でも、真剣に話してあげれば、子どもたちなりの大人の自覚の一面で、また旺盛な知識欲で吸収していけるものである。そして、それが子どもたちの人生に決定的な影響を及ぼしていくことも十分に知っていただきたい。人類に大きく貢献《こうけん》した偉人が、その仕事をする心の動機を、幼少の時代に開覚《かいかく》している例も、けっして少なくない。

可能性を開くのは子ども自身

子どもにとって、母親の持つ意味は、はかりしれぬほど重く、大きいが、それはけっして子どもの自主性、主体性を奪《うば》う結果になってはならない。子どもは無限の可能性を内に秘《ひ》めているが、それを開いていくのは、ほかならぬ子ども自身なのである。

一個の人格としての尊敬

親から生まれたとはいえ、子どもはあくまでも別個の人格である。たとえ幼くとも、親には子どもを心から尊敬する一念が、根底になければならないと思う。

子どもは子ども同士で

子どものつき合いが、大人に限られている場合、子どもは甘えることしか覚えない。大人はどうしても、弱い子どもに対して、保護意識が先に立つからである。子どもと対等につき合えるのは子どもしかいない。対等の子どもとつき合ってはじめて、子どもは正常な人間関係を学ぶことができるのではあるまいか。

少年期は見守る姿勢で

少年時代に入ってからの親の仕事は、子どもの自主性を見守ることにあると思う。子どもの生き方に干渉したり、まして、親のエゴイズムで子どもを自分たちの欲する鋳型《いがた》にはめ込もうなどということはあってはなるまい。

大人の責任

大人のエゴイズムに子どもの世界を従属《じゅうぞく》させてはならない。大人は、次の世代に対する責任があり、むしろ、次の世代のために最大に努力していかなければならないと思う。それが理性ある真の愛情と言えよう。

伸び伸びと自由に

岩にさえぎられた苗木《なえぎ》は、まっすぐに伸びることはできない。かといって、温室で育てたものは、早く生長するが、風雪《ふうせつ》に対する抵抗力が弱いものである。伸び伸びと、自由な空気のなかで、しかも、自然な試練《しれん》のなかに、鍛《きた》えられていくことが、子どもにとって最も幸せな道ではないだろうか。

母のふるまい映す鏡

子どもはいわば純白《じゅんぱく》の布地《ぬのじ》だ。母親の教えることや、躾《しつけ》はもちろんのこと、なにげないふるまいに至るまで、そのまま敏感に吸収し、いつのまにか染《そ》め上がっていく。古くより、子は母の鏡と言われてきたが、いったん映った像は容易に消えず、生涯《しょうがい》にわたって残っていくところに、この鏡の厄介《やっかい》さがあるようだ。

全人格的な素養《そよう》を

子どもは、三歳ぐらいまでは、特定の才能を開発するよりも、全人格的に素養を養《やしな》い、可能性を広げていくことのほうが、大切なのではなかろうか。それには、母親の「人間」としての生きていく姿勢自体が大切になる。

社会への目を開く

すべてが、これから形づくられていく子どもにとっては、遊びといっても、たんなる遊びではないし、まして時間の浪費などでは断じてない。子ども同士のつき合いのなかに、人間として、欠かせない社交性を身につけ、社会への目を開いていくのである。

子どもの魂《たましい》の底には大人がひそんでいる

ある識者が、子どもの魂の底には、一人の「大人」がひそんでいる、それが、いつか、「大人」の声と調子で話しかけられることを待っているのだ、と言っていたが、まことに、すぐれた洞察《どうさつ》だと、私は思う。

幼児教育

幼児は〝母親学校〟で学ぶ

三歳ぐらいまでは、幼児は、〝母親学校〟で、さまざまなことを学ぶのである。生まれたばかりの幼児は、いわば白紙である。そこにはあらゆる可能性が秘《ひ》められている。それに、どのようなスタンプを押すかは、まったく母親の「人間」にかかっている。

平凡であっても、母親が自分らしく尊《とうと》い人生を真剣に生きようとする姿勢は子どもに投影《とうえい》されていくものである。

子どもの人間性、道徳的躾《しつけ》、道義感に対して、最も大きい影響力を持っているのは、ほかならぬ母親であって、ほかの誰《だれ》でもない。このことは、大いに誇りに思うべきであるし、そこに強い責任を感じていくべきである。

大人のエゴによる才能教育

実際に、幼児教育として施《ほどこ》されているものの多くは、才能教育に偏《かたよ》っているきらいがある。むしろ、大人のエゴイズムが中心となり、大人の鋳型《いがた》にはめ込むような、幼児の取り扱いなのである。これは、幼児の本来持っているものを、一部分引き出し、発達させることはあっても、人間としての全生活面の可能性を開いていくものではない。

生命の奥深い部分を形成

子どもは、たとえ、理性がまだなくとも、経験的に、直感的に親の愛情、生活態度を、真白な紙面に刻印《こくいん》してしまうことを、いつも念頭《ねんとう》に置く必要がある。知らないだろうとか、わからないだろうと思ったら、大間違いなのだ。いつの間にか、子どもの生命の奥深い部分を形成してしまうのだから、こわいと言えば、こわいことである。

いかなるお説教よりも、親の姿勢が大切であり、そこに、幼児教育のポイントがありそうである。

幼児期に決定される性格

幼児に接する母親の言葉、行動、心理が、幼児の生命に驚くほど印象づけられていく。また、その人格との接触《せっしょく》と交際を通して、忍耐《にんたい》を学び、勇気を身につけ、愛情を養《やしな》いつつ、少年少女へと成長する。まさに子どもの習慣や性格は、母親と過ごした幼児期に決定されると言っても、けっして過言ではないだろう。

1967年　三男・尊弘さんと

子どもの世界に入って

子どもには、子ども独自の世界がある。それを外からでなく、内部に入って、よりよく伸ばし、開花させていくことが、幼児を育てるコツなのではないか。

想像力、創造性を育《はぐく》む

子どもは自由奔放《ほんぽう》にさせてあげたらよいと思う。子どもの世界は、ある意味では想像の世界である。夢は、宇宙を駿馬《しゅんめ》の如《ごと》く駆けめぐり、見るもの聞くものすべて驚きであり、新たなる想像を喚《よ》び起こす。この想像力、創造性は、人生にとって、かけがえのない至宝《しほう》であり、私たちは、どこまでも温《あたた》かく育んであげたい。

いたずらも貴重な経験に

ときには、いたずらをするのも結構である。たとえ叱《しか》られたとしても、それが善悪を判断し、正義というものを考える手だてになれば、かけがえのない人生経験ではあるまいか。学校でも家庭でも教えてくれない、貴重な人生の学問を、子どもは自然のうちに学びとり、血肉としていくに違いない。

子どもだけの別天地を

子どもだけの別天地をつくり、そこで、

さまざまな工夫をこらし、ケンカをし、仲直りしていくことは、生命の法理《ほうり》にかなった、自然の育ち方ではあるまいか。そのなかでこそ、体力も鍛《きた》えられるし、知恵も磨《みが》かれていく。社会生活のルールも、身についてくるし、独創性もつちかわれる。

親は子どもの後ろに

「親が先頭に立つのではなく、子の後ろにつけ」と言った人がいる。子どもの自主的な行動を後ろから見守り、危険な方向に子どもが向かおうとするとき、自分の経験に照らして警告し、アドバイスする。自由奔放なななかに、たくましい想像力と、豊かな創造性を育んでいくことが賢明《けんめい》であろう。

〝子ども〟と〝大人〟が同居

子どもの心のなかには、きわめて幼《おさな》い心と、一方にすでに驚くほどの大人の自覚が育っているものである。

この二面性を忘れて、ただ幼いということだけで接していけば、ときに子どもに強い不満を与えたり、また絶好の教育の機会を失ったりすることを知っていきたい。

知識欲に対してめんどうがらずに

子どもから「これなあに?」「どうしてなの?」と矢つぎばやの質問攻めにあう。

ところが、親は、とかくめんどうになって、ろくろく答えもしなかったり、ときには「うるさいね、この子は」などと言ってしまうことがよくある。これほど子どもの心を傷つけるものはないのだ。純粋な成長の芽を、自《みずか》らつみとってしまってはならない。そうした質問を大事な踏み台として、教育の道は大きく開かれていくことを知っていただきたいと思う。

甘え根性を持たせるな

母親の愛情の献身的な一面が強調されるあまり、自己を捨てた愛情が美しいとされる傾向がある。子どもは、母親にはどんなわがままを言っても、聞き入れてもらえると考えてしまう。もし、世の中すべてが、そんなものだと甘え根性を持たせる結果になったら、それは、長い厳しい社会のなかの人生航路にあって、子どもにとっては不幸であろう。

最も崇高《すうこう》な価値創造

「わが子を立派に育てることが、最も崇高な価値創造なのだ」——このような誇りをもち、胸をはって、人生を生ききっていただきたいと、私は願っている。

家庭

よりよき家庭の建設

信頼を裏切らない努力

家庭生活は二人の合意のうえで結婚し、そこから始まるものである。してみると、少なくともその出発時には、お互いに信頼し合っていたことは間違いないことと考えられる。この信頼の絆《きずな》を保ち、家庭生活の崩壊《ほうかい》を招かないために、何と言っても大事なことは、お互いに相手の信頼を裏切らないよう努力することではないだろうか。安閑《あんかん》として惰性《だせい》に陥《おちい》り、停滞したところには崩壊しかありえないであろう。

美しい建設の年輪を

人間の身体にしても生命を維持《いじ》していくために、瞬間瞬間、一刻の休みもなく働き続けている。木もまた一年一年成長していくことによって、新しい年輪を刻んでいるのである。家庭生活もまた、一つの生命体であると言えまいか。ともにたゆまぬ努力をし、建設し、成長していってこそ、安定した幸福な家庭を実現することができると思う。ここに美しい家庭の年輪、夫婦の愛情の年輪が立派に刻まれていくと私は思う。

賢明《けんめい》な創意で幸せの輝き

社会的な名声や、経済的豊かさが、けっして幸福の最大の要因ではないのだ。無名の庶民の貧しい家庭のなかで、本当の人生の幸福が美しく輝き、純粋な花を咲かせていることも少なくない。大地にしっかりと根をおろした妻としての賢明な努力と創意によって、はじめて幸福な家庭生活を営《いとな》んでいくことができると私は思う。

創造のための活力を生む

生活というものは常に創造である。創造のための消費とは生産ではないか。家庭経済とは、たんなる消費に終わるのではなく、創造のための活力の経営でなければならない。

社会とのつながり、自己回復の場

「遠い親戚より近くの他人」とは、よく言ったもので、家庭は、常に社会とのつながりの上に成《な》り立っていることを忘れてはならない。

もう一面からみれば、現代のような複雑な社会機構のなかで人間が部品扱《あつか》いされればされるほど、人間性を回復しうる自己の領域《りょういき》は家庭しかなくなってしまうと言えまいか。

賢明な家庭づくりは、この一見相反《あいはん》する要素を巧《たく》みに使い分け、組み合わせながら築き上げていかなければなるまい。

〝城〟ではなく〝飛行機〟

現代の家庭は飛行機にちかい。世間という激しい空気の抵抗を利用して、空中に安定を保って前進するのが、家庭という飛行機ではないか。時代が変わったのだ。家庭がいつまでも城であって、永久に変わらないままでいることもできまい。むしろ飛行機と心得て、この操縦を楽しみ、はるかな視野の広い彼方《かなた》の同じ方向を見つめていく、これが今日の健康な家庭のようである。

嵐《あらし》にあって不時着《ふじちゃく》することもあるかもしれない。そのときは翼をやすめ、整備をあらたにして、また元気よく離陸すればよいのだ。愛情を基盤《きばん》とする現代の家庭は、まさしく飛行機であることが、最も堅実《けんじつ》にして健康な家庭ということになるのではなかろうか、と私は思うのである。

淀《よど》んだ家庭には倦怠《けんたい》の毒が

平凡で平穏《へいおん》な家庭というものは、波風がたたないように見えるが、淀んでいる場合もある。淀《よど》んでいるからには、毒が発生しているはずである。倦怠《けんたい》とは人生のこの毒のことだろう。規格化された生活には、往々《おうおう》にしてこの毒気《どっけ》が充満しているものだ。

〝ヨコ糸〟と〝タテ糸〟の調和

新しい家庭像を考えるとき、夫婦というヨコ糸と、親子というタテ糸を、うまく織《お》り成《な》していかなければならない。ヨコ糸が弱くても、タテ糸が弱くても、織り上がった布は、ゆがんでしまうし、ほころびやすい。

すべてを互いの成長のかてに

夫婦も、親子も、お互いに、自己をなおざりにして家庭を支えるという観念は持つべきではないと私は思う。もちろん、利己《りこ》主義であってはならないが、苦楽《くらく》ともに、それぞれの、よき理解と協力の上に立って、すべてを人間としての成長の素材と考えるべきであろう。

大切な母の一言

どんな荒波が押し寄せようとも、主婦がしっかりしていれば、家庭は微動《びどう》だにもしない。私の少年時代、家が戦災にあって、全焼してしまったことがあった。そのとき、

2003年4月

母の「また皆でがんばろうね」という一言が、家族全員に新たな勇気をふるい起こさせ、私自身、子どもながらにホッと安心したことを、今でも鮮明に覚えている。

家庭はあなた自身の映像

あなたの家庭が幸福であるのも、不幸であるのも、それはけっして夫のせいだけでもない。周囲の条件のせいだけでもないであろう。あなた自身の自覚と努力と聡明《そうめい》とを、そのまま鏡にうつし出した映像なのである。

温《あたた》かい最高の憩《いこ》いの場所

さまざまな型の主婦がいるが、要するに賢明《けんめい》な妻ほど強いものはない。自分を知り、自主性を保ち、包容力豊かに、家庭を温かい最高の憩いの場所につくり上げることができるからだ。

豊かな思い出をつくる

たとえ家中が揃《そろ》う一家団欒《だんらん》の時間が少なかろうと、工夫一つで、そのわずかの時間を、数倍も価値あらしめるものにすることができると思う。また、そうした珠玉《しゅぎょく》のような思い出をつくり出していける家庭こそ、子どもたちにとっても何よりの財産であると言えまいか。

家族の健康

新しい家庭像のためには、何よりも健康であれと祈りたい。※エマソンが言うように、「健康は第一の富」である。家族の喜びは、何よりもまず健康に左右される。健康で明るい家庭こそ、いっさいの社会活動を向上させる源泉である。

社会の平和は家庭の平和から

不幸ですさんだ家庭というものは、どうしても社会を白眼視《はくがんし》し、反抗的であり、投げやりで無責任になりやすい。社会といったところで、各家庭の集団である。平和な家庭なくして平和な社会があるはずはない。

姑《しゅうとめ》は最も手近な師匠《ししょう》

何になるにせよ、一人前になるには、修行《しゅぎょう》が必要である。理髪師《りはつし》、調理師、ジャーナリスト、法律家等々みな、しかりである。主婦だけ、その例外ということはありえないはずだ。修行するには、当然、師匠ないし、先輩がいなければならない。主婦にあっては、よき姑が、最も手近な師匠となる。

※エマソン　ラルフ・ウォルド・エマソン（1803〜1882年）アメリカの哲学者、作家、詩人。アメリカの思想・文学に生命観あふれた新風を吹き込んだ。

それを拒否している限り、本当の修行はできまい。

姑《しゅうとめ》も、自身が習い学んだ伝統のかずかずを、後世《こうせい》に残すため、誇りと愛情を持って、嫁に教えるべきだと思う。

姑が嫁に教える料理

姑が嫁に教える野菜の煮つけ方や、漬《つ》けものの作り方に、かつては、その家庭独特の経済的な栄養学があり、ほのぼのとした家庭のふんい気がつちかわれてきた。明治の母親のにおいとは、そのぬかみそくさい手のなかにあったとも言えよう。節約は主婦の手数で補《おぎな》われ、それが大地のにおいのする温《あたた》かい家庭環境であったのである。

本当の〝味の文化〟

本当の庶民の「味の文化」は、活字や写真や電波のみでは、習えるものではないだろう。肌《はだ》のふれ合いと、舌《した》での味覚によって、習い伝えられるものだ。

家庭の愛情は行動を伴《ともな》う

一枚の見なれた絵でも、ときどき置き場所を工夫すれば、家のなかが一変し、みずみずしく新鮮になる場合もある。家庭の愛情も、けっして観念にとどまるものではない。必ず行動を伴うもので、何らかの形となって表現されるものである。

礼儀と思いやり

家族の誰《だれ》に対しても、礼儀正しく思いやりを持つことである。子どもに対しても、その人格を尊重してあげることだ。そうした慈愛《じあい》に包まれた子どもは、まっすぐに人間性豊かに成長するだろう。そこに、家庭における愛情と信頼がわき、姑も賢明《けんめい》にならざるをえなくなるだろう。

倦怠期《けんたいき》とは成長がとまったとき

結婚によって得るものは何かと言えば、夫婦の人間的なたくましい成長でなければならない。家庭の建設も二人の共同事業であるし、社会に貢献してゆこうとするのも、二人の堅《かた》い団結による。倦怠期などということが、よく言われるが、それは二人の成長がとまったときであり、創造的な新しい息吹《いぶき》を失った証拠《しょうこ》である。

人間教育の場

教育の主体は〝感化〟

私は教育、特に人間教育の主体を成《な》すものは「感化《かんか》」でなければならないと思う。

特に家庭における教育は、何よりこの感化が、最大事の要件である。

家庭教育のポイント

家庭の環境、親の人格、そして生活態度が子どもに決定的に影響を及ぼすことを知って、いかに聡明《そうめい》に整えるか。それが家庭教育の最も大きなポイントである。

最高の使命ある教師

母親は、家庭が最も重要な教育の場であり、自己が最高の使命ある教師であることに、もっと強い自覚を持つべきだと思う。

子どもの一生を支えてゆく全人格の基盤《きばん》は、じつに母親による家庭教育にかかっていると言わざるをえない。

学校以上に大事な場

母親の子どもに対する影響は、空気のように目立たないが、絶大なものがある。いな、家庭そのものが、学校以上に大事な教育の場とさえ言えるだろう。教育の場を学校のみとするのは考え違いである。むしろ、こうした誤った考え方が、学歴主義につながり、人間教育を忘却《ぼうきゃく》させてしまったとも言えまいか。

両親のあり方は、子どもにとって鏡

両親のあり方は、子どもにとっては、鏡であり、手本である。子どもの心は敏感で鋭く、両親の生活態度を反映するものだ。

1993年9月

賢明《けんめい》な子どもは、ときには、気づかぬ振りをすることもある。すさんだ家庭生活のなかで、一人こつこつと勉強にうち込み、無心に遊んでいるように見える場合もあろう。だからといって、子どもの心に反映されていないと思ったら、それは大いなる誤りである。

子どもの心に鮮烈な悪い印象を与え、その心の奥底に刻まれたものは、子どもの生《しょう》涯《がい》の人格に、ぬぐい去りがたい歪《ひず》みとなってしまうであろう。

反対に、愛情に満ちた両親の姿は、生涯、深く子どもの心に刻み込まれて、たとえ悪の誘惑や自身の弱さに負けそうになったとしても、必ず心の支えとなり、正しい道へ引きもどす灯火《ともしび》となっていくに違いない。

家庭のなかで〝生き方〟学ぶ

生まれつきの才能、性質等の違いはあるとしても、その子どもの一生を決定するものの大部分は、最も身近な母親の普段の態度、行動、姿勢によって大きく左右される。

また学校教育は、主に知識を教えるのであって、躾《しつけ》など人間性そのものに関すること、さらに人間としていかに生きるかという問題については、家庭での教育に負《お》うところが、きわめて大きい。

子どもの人格を尊敬できる親に

子どもを一個の人格として尊敬できる親こそ、立派な家庭人と言わなくてはならない。

小さな社会人として成長する子ども

子どもの人格を尊重するとき、子どもは人間尊重を学ぶ。家庭にあって、小さな社会人として育つのである。このように育った子どもが社会に出たとき、〝後生《こうせい》おそるべし〟という力を持った社会人になることができよう。

子どもの主体性を確立する配慮

こづかいや、おやつの与え方にしても、ねだって泣けば与えるというのではいけないだろう。こづかいは一カ月にいくら、おやつは何時にどれくらい、というぐあいに、キチンと決めることが大事ではなかろうか。それは母親自身の主体性の問題である。子どもは、決められた枠《わく》のなかで、それをどのように生かそうかと知恵を働かせる。その日のおこづかいを使うのをやめ、貯蓄することも覚えるであろう。そこに、子どもの主体性の確立がなされていく。

子どもの理想には干渉《かんしょう》しない

子どもを伸び伸び成長させたいという親の強い愛情が、家庭の根本でなくてはならない。親が狭量《きょうりょう》で感情的で、親の権威《けんい》にたよるばかりでは、家庭教育などといっても、有名無実である。親が自分の理想を持つのはいい。しかし、子どもがそれぞれ自分の理想を持つことに干渉《かんしょう》することは、子どもの人格を認めないことになる。

先入観の壁をつくるな

※ルソーの教育理念は、「子どもの発見」にあった。私たちは子どもを発見する前に、先入観の壁をつくってしまう。これでは、子どもの個性を枯《か》らし、子ども自《みずか》らの若芽のような尊《とうと》い力を、親が奪《うば》っていることになるのだ。

溺愛《できあい》をさける

溺愛をさけるためには、親は子をほかの適切なよい指導者にふれさせるべきだ。またよい友だちを得る環境に心を配《くば》り、子どもが育ち伸びやすい土壌《どじょう》をつくることも、親の責任の一つである。

子どもをゆがめる誤った親心

安易に規格化された幸福を希《ねが》う親の人生観は、淀《よど》んだ水の毒気《どっけ》のように、溌剌《はつらつ》たる子どもまでもスポイルする危険性がある。何の失敗もしない子ども、分別《ふんべつ》くさい子どもの氾濫《はんらん》は、伸び伸びとした本性を撓《たわ》めてしまいかねない。子どもが子どもである権利を親が奪うとすれば、恐ろしいことだ。非行の問題は、社会のせいばかりではない。誤った親心からも胚胎《はいたい》しはじめる。

社会を度外視《どがいし》するな

人間の生活が、社会を度外視して成《な》り立たない現在、家庭教育も、社会と家庭との連繫《れんけい》を無視することはできないはずである。家庭におけるわがままが、そのまま社会に持ち出されたとき、社会人としては顰《ひん》蹙《しゅく》を買い、葬《ほうむ》られ、白眼視《はくがんし》されるような不幸な一人の人間ができ上がってしまう。社会がよくなるのも、悪くなるのも、家庭における、両親の子どもに対する心の砕《くだ》き方にあるようだ。

親の子どもに対する願いとして、「正義の人になれ」ということに重点を置くことは、すでに社会人としての期待を、子どもにかけているわけだ。

親が人間として立派ならば、子どもも立派に育つ。

尊重し合う団欒《だんらん》の園

何よりも重要なことは、互いにそれぞれの人間性を尊重することだ。親と子、ここ

※ルソー　ジャン＝ジャック・ルソー（1712〜1778年）フランスの哲学者、思想家、作家。『エミール』『告白』『孤独な散歩者の夢想』など多くの名著を著す。

にみごとな人間性の新しい尊重があるならば、その家庭は団欒《だんらん》を心ゆくまで楽しむことができるであろう。そしてこの団欒から、輝かしい新しい人間も、たくましい有能な社会人も生まれるに違いない。

父親のあり方と、母親のあり方

父親のあり方と、母親のあり方とを対比して言えば、父親は、子どものよき理解者となることだ。母親は、きちっと締《し》めるべきところは締め、ときには厳しく叱《しか》ることが必要である。口うるさく、厳格な父親からは、子どもは離れていってしまうものだ。だが、母親は、どんなに厳しくとも、それが愛情から出たものである以上、子どもはどこまでもついていく。それだけ、母親の吸引力は強いとも言えよう。

子どもにとって栄養のように大事なのは、両親の愛情であり、ときに良薬の苦《にが》さのような厳しさと、無限の包容力を持った理解が、子どもを大きくたくましく育てるのだ。具体的に言うなら、家庭にあって、父親はやかましくなく、母親がやかましいほうがいい環境となるようだ。

よい習慣は生涯《しょうがい》の財宝

善《よ》きにつけ悪《あ》しきにつけ、幼少の頃に身についた習慣は、なかなか直せるものではない。悪い習慣は、生涯、本人を苦しめ、正しい習慣は、何ものにも代《か》えがたい財宝として、生涯、その人を助けていくことであろう。

身近なところから教える

できるだけ自分のことは自分でする習慣、人に迷惑をかけず人と協調していく習慣、正しいことは進んで行《おこな》っていく習慣等は、けっして幼少の頃だからといって無視していいわけはない。むろん、ヒステリックになる必要もなければ、愚痴《ぐち》めいた小言《こごと》を言う必要もない。朝起きて顔を洗うこと、歯を磨《みが》くこと、外から帰ったら手を洗うこと、散らかしたものは元どおりにしまうこと、それらを折にふれて、自然のうちに教えておけば、それでよいのではなかろうか。

叱《しか》ることも愛情の発露《はつろ》

ときには、強く叱責《しっせき》しなければならぬ場合もある。それは、子どもの生命にかかわることであったり、あるいは子どもの将来にとって、どうしても強く言っておかねばならぬときである。根底的には、子どもを信頼したうえでの叱責であり、心からの愛情の発露と言えよう。

約束は必ず守る

私は子どもとの約束は、どんなことがあっても守ることを一つの信条にしてきた。時間を守り、約束を守ることは、いつしかわが家のルールになっている。躾《しつけ》ということは、何か叱《しか》って子どもに押しつけるものではないと思う。

教師を批判する前に

青少年の道徳問題になると、学校での教師と生徒との関係が批判される場合がある。もちろん、その間に温《あたた》かく、うるわしい人間関係がなくてはならないのは当然であろう。しかし、教師を批判する前に、はたして、父親や母親の側も子どものために、なすべきことをなしたかと問うべきであろう。

青少年犯罪の要因

昨今、青少年の犯罪が増大し、悪質化したと憂《うれ》えられているが、罪は、青少年にのみあるのではけっしてなく、幼少年期の大事な人間形成を、自《みずか》らのエゴイズムと怠慢《たいまん》によって歪《ゆが》めた、大人たちにあることが判《はん》然《ぜん》とするような気がしてならない。

人間性豊かな憩《いこ》いの場

青少年の非行化の原因を追求して、帰着《きちゃく》

1991年8月

する結論は、家庭のなかの冷たい人間関係であると言われる。家庭は、人間性豊かな憩《いこ》いの場でなくてはならないし、また、それがそのまま人間教育の最高の場である。

生活設計

〝楽しさ〟生み出し、実り多い人生を

現代の経済認識を基《もと》にして、家庭を楽しくする主婦の工夫は、そのまま二度とない人生を楽しくする要諦《ようてい》である。楽しむと言ったところで、刹那的《せつなてき》な享楽《きょうらく》のことを言っているのではない。家庭そのものを楽しくつくり上げてゆく努力――それは、新しい生活設計のなかに、近代的主婦としての知恵が、実り多い人生をつくってゆくことなのだ。

海外旅行する老夫婦

以前、東海道新幹線で、外国の観光客と乗り合わせたが、アメリカの農家らしい一家族や、六、七十の老夫婦などがいた。彼らは一生に一度の海外旅行を楽しみにして働いていたのかもしれない。そのようなほほえましさであった。これは生活の賢い設計の結果である。この老夫婦には、堅実《けんじつ》な老後の生活設計もあったに違いない。彼らをこのようにしたのは、彼らの生活の知恵

である。

計画性ある家庭経営

生活の知恵とは、生活設計の努力である。計画性のない生活は、波間にただよう木の葉のようなものだ。平穏《へいおん》無事なときは目立たないが、一朝《いっちょう》事あるときには波に呑《の》まれてしまう。

家計簿をつけることから

計画性のある主婦は、まず家計簿をつけることから始まるようだ。国家でも会社でも財政が乱脈《らんみゃく》であれば、必ず崩壊《ほうかい》してしまう。一家の財政がささやかなものであるからといって、放っておいては大きな挫折《ざせつ》にあう。家計の整理と計画がないようでは、生活の向上を願ってもむだである。何しろ私たちは、厳しい資本主義社会に生きているのだ。

合理化の知恵で貯蓄を

家庭経済を小さいものと軽視《けいし》することなかれ、である。毎月の収入のなかから、少しでも余裕をつくり貯金を心がけることも、家庭を楽しくする基盤《きばん》である。昔の勤倹《きんけん》貯蓄は、粗食《そしょく》や粗衣《そい》の犠牲《ぎせい》の上に成《な》り立ったが、今日の貯金は、生活設計の上に立ち、合理化された結果が貯蓄としてあらわれる時代のようである。

“安いから買う”ということの錯覚《さっかく》

価格に敏感なあまり、安いから買うという、陥《おちい》りやすい錯覚がある。しかし、必要のない物を買うほど、高い買物はない。物を買う基準の第一は、それが必要であるか、どうかということにあるはずだ。高い、安いは、必要のあとに続く価値判断《かちはんだん》であるべきである。

浪費か消費かを判断

高いもの必ずしも贅沢《ぜいたく》とは言えないし、安いもの必ずしも経済的とは言いがたい。浪費《ろうひ》か、消費かの判断こそ、現代の消費時代の要諦《ようてい》であるようである。浪費というものは、たとえわずかであっても、生活にとって完全にマイナスである。ときに、このマイナスの小さな穴が、大船をも沈める結果にならないとは言えないではないか。

うまい話は眉《まゆ》つばもの

このせちがらい世の中に、金のもうかるうまい話が、ごろごろころがって、目の前にあるはずがない。あれば、それは眉つばものに決まっている。だから、貯蓄は堅実《けんじつ》な生活を孜々《※しし》として築くための、生活向上への賢明《けんめい》な貯蓄でなければならない。

衣食住の確保が基礎的な任務

おしゃれやレジャーや交際費のために食費を節約するような家計のやりくりは、上手《じょうず》、下手《へた》以前の問題であろう。つまり、衣食住を十分に確保して家族が困らないようにすることこそ、家計を預かる人の基礎的な任務である。それができないとすれば、もはや家計を預かる資格はないと言っても過言ではあるまい。

食事の充実が活力の源泉

人生を生きていくのに、何と言っても最大の資産は健康な身体である。そして身体を健康に保ち、いきいきとした活力を与えてゆく源泉が食事の充実にあることは、言うまでもなかろう。食生活が十分でなければ、思考力も鈍《にぶ》ってくるし、意欲も衰《おとろ》えてしまう。いわんや、生存競争の激しい、神経をすりへらす現代社会においては、なおさらのことだ。

食費は切りつめるな

支出のなかで何を優先すべきかということであるが、私はそれは〝食費〟だと考えている。単に栄養豊富というだけでなく、家族の健康管理の観点から、食費はいっさいに優先して確保すべきだと思う。往々に

※孜々として　懸命につとめ、励むさま。

して、日本人は経済的に切り詰めなければならない場合、一番に、そのシワ寄せを食費に持っていきがちであるが、それは大きな誤りであると思う。

食・衣・住が家計の御三家

俗に、生活の基礎条件を「衣食住」とするが、われわれの生活にとって、何と言っても最も欠かせないのは「食」である。「衣」は、その次にくるものだ。そうしてみれば、これは「衣食住」でなく「食衣住」とすべきだろうと思われるが、いかがなものであろうか。

ともあれ、食衣住は人間として生きてゆくための土台であって、家計のやりくりで、まず確保しなければならない御三家ともいえる。

偉大な主婦は有能な政治家

彼女には愚痴《ぐち》はない。あるのは家族への信頼と愛情である。このような家庭こそ、甲斐性《かいしょう》のある夫を育《はぐく》み、溌剌《はつらつ》たる子どもを生む。なんという偉大な主婦であろうか。いや、なんという有能な政治家であろうか。

1995年11月

人間・女性・信仰

人間として

生きることの意味を問う動物

ある意味で、「人間」とは、反省する動物とも言われるごとく、生きることの意味を問う動物であると表現することもできよう。

一方では、日常生活のサイクルに身をゆだねながらも、他方では、そこに空《むな》しさを感じ、より自分を生かす道を考えるものである。

向上する意欲は、この「反省」という素朴な態度から、生まれるのではないだろうか。反省は、けっして後悔や懐古《かいこ》趣味ではない。過去を過去として振り返るのではなく、明日の自分自身を見つめて、前へ進むことである。

強く生きぬける人間に

女性であるとともに、人間としての確立が必要である。むしろそれが根本的には、第一義の問題になる。どのようなことがあっても、崇高《すうこう》に、強靭《きょうじん》に生ききれる人間としての強さ、そしてまた福運というものを養《やしな》っていくことが大切であろう。

人間にとっての出発点であり帰着点《きちゃくてん》

人間であるということは、私たち人間にとっては、いっさいの出発点であるとともに、いっさいの帰着点であり、あらゆる生き方の規範《きはん》と言うべきであろう。この自明《じめい》の理《り》が見失われ、どこかに置き忘れられているところに、現代人の最大の不幸があるとも言えるのではあるまいか。

自己完成への努力の連続

英知といい、創造性といい、さらに、レジャーを楽しむ、さまざまな遊びといい、「人間であろうとする意欲」の実際生活面にあらわれた、一断面にほかならない。したがって、それらの行動は「人間である」との矜持《※きょうじ》に立って、はじめてプラスの価値を持ちうるのであろう。

人間の一生は、自己完成への努力の連続であり、死の瞬間に至るまで「人間であること」の証明のつみかさねでなくてはならない。

より人間らしくあろうとする努力

人間を、人間たらしめる条件は何か。あ

※矜持　誇り、自負、プライド。

る人は英知といい「ホモ・サピエンス」と人間を名づけた。ある人は、工作することに特質を認め「ホモ・ファーベル」と呼んだ。オランダの歴史家ホイジンガ※は、遊戯《ゆうぎ》することに人間の特質を認め「ホモ・ルーデンス」と定義づけている。

これらの学説は、みな、それなりに、人間ならではの特質を、端的《たんてき》にとらえたものであろう。とはいえ、そのいずれも、人間の全体像を表現したものでないことは明白である。もう一歩、深いところに、それらを総括《そうかつ》するものがなければならない。

私は、あえて、これを〝自己完成への意志〟と名づけたい。つまり、人間は、自ら《みずか》人間であることを自覚するとともに、より人間らしくあろうと努力することによって、真実の人間となることができるのではなかろうか。

感謝する気持ち

人間である以上、親に育てられ、師に教えられ、社会の恩恵を受けた事実は、誰《だれ》も否定することはできないであろう。もし、そうした事実に少しでも感謝する気持ちがないとしたら、その人はもはや人間ではなく動物以下だと言われても、やむをえない。そして、その人は、必ず人びとから見捨てられ、悔《く》い多い人生を送る場合が多かろうと思う。

身近なところに成長を

思いやりとか、誠実とか、折り目の正しさといった、身近な人生の姿勢において、成長していくこと、それが「人間として生きる」ということなのではないだろうか。簡単なことのようであるが、実は、この簡単なことが意外とむずかしいのである。

生涯《しょうがい》を建設の連続に

人生は最後の一瞬まで、建設の連続でありたい。この心構えを生涯持ち続けるかどうかが、その人の人生の価値を決定すると言っても過言ではないと思う。常に人生の前進、常に人生の成長を続けていくことだ。そこにのみ若さがあり、人間としての尊《とうと》さがあるであろう。

全体人間――幅広い人に

人間としての自己の真の建設のために、心がけねばならないことは何か。

私なりの結論を言うと、「全体人間たれ」ということになろうか。人生の深い英知、幅広い教養、そして人びとに対する温《あたた》かい

※ホイジンガ　ヨハン・ホイジンガ（1872〜1945年）オランダの歴史家。人間の特質を「遊び」に見る「ホモ・ルーデンス」で広く知られ、『中世の秋』『わが歴史への道』など名著も多い。

思いやりを持った、幅の広い人でありたい。

　忍耐、勇気、正義感を養《やしな》うことも大事である。政治、経済、科学、教育などといった社会的問題への関心と、洞察力《どうさつりょく》の養成も忘れてはならない。要は人生の広さと深さを求めて、どこまでも勉強し、努力することを忘れるな、ということである。

悩みを解決する主体は自分

　自分の悩みを解決するのは、自分以外にはない。もとより、一つの家庭、一つの社会を構成している以上、互いにつながっており、手助けをしてもらわねばならぬことも当然であろう。しかし主体者はあくまで〝自分〟なのだという自覚が大切である。

人生全体の総決算は

　いかなる人生であれ、究極的に帰着《きちゃく》するところは、人間として、どのように生きるか、ということである。言いかえると、人間として幸福であったかどうかということが、その人の人生全体の総決算となる。これは男性であろうと女性であろうと、いかなる職業であろうと、身分や立場がどうであろうと、変わりはない。

勝利を裏づけるものは

　女性である前に、人間としての勝利者に

なってほしい。人間としての勝利を裏づけるものは、その人のもつ思想・哲学の深さ、そして人生に対する誠実な姿勢である、と私は考える。

自分への厳しさ

江戸時代中期の※碩学《せきがく》である※佐藤一斎の言葉に「春風《しゅんぷう》を以《もっ》て人に接し、秋霜《しゅうそう》を以て自《みずか》ら慎《つつし》む」という有名な一句がある。自分に対する厳しさを教えた名言であり、私も、この言葉が好きである。多少、道徳めいてはいるが、現代のあわただしさのなかに、盲点となっているものを鋭くついているように思えてならない。

誰《だれ》からも信頼される自分を

人間としての魅力は、年齢や容姿の魅力をはるかに超えたものである。だから、誰からも信頼される自分を築くところにこそ、幸福への道がおのずから開かれるのだと確信して、一日一日を有意義に過ごすよう心がけるべきである。

浅い頼り根性を捨てよ

人に好かれ、子どもたちに慕われるには、

※**碩学**　学問の広く深い人。大学者。
※**佐藤一斎**　さとういっさい（１７７２～１８５９年）美濃・岩村藩の武士で儒学者。朱子学が専門だが、陽明学までその見識は及び「陽朱陰王」と呼ばれた。門下生は６万人。佐久間象山、渡辺崋山、横井小楠など幕末に活躍した弟子がいる。

けっして、愚痴《ぐち》っぽくなってはならない。どんな悩みに対しても若々しく、敢然《かんぜん》ととり組んでいくことだ。夫に対してであれ、子どもに対してであれ、浅い頼り根性を捨てることである。

虚飾《きょしょく》の生き方

世の中には世間体を考えすぎ、自《みずか》らを虚栄で飾り立てている人がいかに多いことか。※高邁《こうまい》な理想に生き、主張している人もいるが、結局、人は最も身近なところに不幸があったり、悩んでいることが多いのではなかろうか。また、それを訴えることができない。いや、訴えても解決してくれるところがない。それを知られることが、人生の、家庭の敗北を意味すると考えてしまうからではなかろうか。ありのままの人生が一番、強い。

挫折を踏み越えて

地に倒れた者は地によって起《た》つと言われる。また、麦は踏まれてこそしっかり育つという。人間が、人間関係や社会関係での失敗で、立ち上がれぬはずはない。失敗したからと自暴自棄《じぼうじき》になるのは、人生を自ら放棄《ほうき》することである。むしろ、このときこ

※高邁　けだかく非常に優《すぐ》れていること。

2004年8月

そ、より冷静に、賢明《けんめい》に、教養豊かなあなたを生かしきることである。

苦労を越えて創造の喜び

苦労を越えていったときに、本当の成長の喜び、創造と建設の生きる喜びがある。

結局、人生は勝負

人間は、禍《わざわい》を福とする力を持っている。その力は、失敗を乗り越え、転換し、勇敢《ゆうかん》に立ち上がって、次の人生の出発とすることによって試《ため》される。そして、その力を完全に発揮して、見事に再起した人こそ、偉大な人間と言われるのだ。結局、人生は勝負である。

生命は完全燃焼を求める

生命は、常に完全燃焼を求めてやまない性向《せいこう》を持っている。問題は、いかなる理想、いかなる対象のために、燃焼するかである。

女性の生き方

特質生かし主体性の確立を

女性は賢明に生きなければならない。近代女性は主体性を持たなければならない。同時に、その主体性の確立も、女性としての特質を生かした方法を考えるべきである。木の枝にも、折れやすい潅木《かんぼく》もあれば、柳《やなぎ》の枝のようにしなやかで、しかも強いものもあるように。

笑顔は進歩、愚痴《ぐち》は退歩

経験上、明るい笑顔の女性は進歩し、愚痴っぽい女性は退歩すると思う。笑顔は生命に余裕と活力を与えて進歩へ導くからだ。

決めつけず、ひろやかな展望を

「決めつけ」ぐせというくせがある。「決めつけ」とは何か。横の一方から見て、それで事足《ことた》れりとして、上から、下から、正面から、相手の立場から、と多角的、相対的に見るところまで、手続きを進めない。木を見て森を見ないたぐいであって、展望が悪い。それでは物事を間違って見てしまう。

大きく展望せずして、瞬間的判断のみであれば、流行や俗論に振り回されかねない。結局、人まね競争に堕《だ》して、人格の主体性など望《のぞ》むべくもないであろう。

いわば人間活動の全領域を一つの体系として構成的にとらえ、賢く展望していくことが大事である。

周囲に引きずられやすい女性

この世の中で最も美しいのは女性である。美しさは、女性の特権である。

その本然《ほんねん》の美しさを、現象面のみにとらわれたり、周囲のものごとに引きずられたりして、手離してはならない。

育ちにくい友情

大人の世界に友情が育ちにくいのは、人生の波にもまれていくうちに、いつしか利己《りこ》主義や独善《どくぜん》主義におおわれた、醜《みにく》い生命となってしまうからであろうか。大人の世界で、一見、友情と見えるものも、一枚、皮をめくると、打算と憎しみを本体とする利用根性である場合が少なくない。

真の友情

真実の友情は、利己主義や、独善的な人間のなかには芽生《めば》えない。たえず、自分を見つめ、成長をはかり、同時に、友を思い、ときには自分を犠牲《ぎせい》にしても相手の幸福を願っていくところにこそ、真の友情はあると言えよう。

本当の友情には、猜疑心《さいぎしん》や利己心や打算《ださん》などは微塵《みじん》もない。ただ心と心のつながりがあるのみである。これほど純粋で、美しい人間関係は、ほかにはない。

幸福・平和は友情の連帯から

幸福や平和――それは宣伝からは生まれない。友情厚い、一対一の対話から生まれるものだ。社交は一対一でなく、一対多のその場限りの関係であるが、一対一の関係である友情を育てるのには、時間がかかる。辛抱《しんぼう》強くいく以外に方法はない。組織であれ何であれ、社交的連帯は根なし草である。友情の連帯こそ真実なのである。

信仰と人生

信仰について

信仰というと、何か古くさいことのように考える風潮《ふうちょう》がある。しかし本当の信仰というのは、現代的に言えば、勇気ある人間性の行動、自己の生命の内にあるものを最大限に発揮させていく行動、人生をいかに有意義な実りあるものにしていくかを考えた行動……というふうに言えるのではないだろうか。

生命の最高に充実した生活は、信仰のなかにある、と私は訴えたい。

なぜ信仰が必要か

人の生き方はむずかしい。社会は無限に複雑であり、人間は限りなくデリケートである。宿命は底知れず深く、欲望は果てしなく膨《ふく》らんでやまない。この深淵《しんえん》を直視したとき「我いかに対すべきか」——賢者《けんじゃ》といえども迷わざるをえない。逃げても宿命は容赦《ようしゃ》なく迫《せま》ってくる。強者といえども恐れざるをえない。それにもかかわらず、流されては不幸になってしまう。だからこそ信仰が必要なのである。

休みなく人間の旅を

私は　この世に人間の旅に出たのだ
生命究極の目的までは
疲れても　歩まねばならない
風の日も　雪の日も
野宿のときも覚悟しながら
私は　ひたすら歩む

人生の迷子《まいご》にならぬために

人生の迷子にならぬために
私は　明瞭《めいりょう》なる指標にと
確固たる信仰を持ったのだ

溌剌《はつらつ》たる生命の泉

私の生命は枯《か》れない
常に　原点の地底からの根を
張りめぐらした新鮮な信仰に
生きぬいているからだ

1973年5月

恐ろしい精神的危機

私の最も恐ろしいのは
精神的危機であると
知ったが故《ゆえ》に
勇気ある信仰を堅持《けんじ》する

価値判断《かちはんだん》の最上のもの

いくら挑発《ちょうはつ》されても
私は　それにのらない
私は思索《しさく》の中核《ちゅうかく》に
信仰という　価値判断の
最上を持っているからだ

私には絶望がない

私には　けっして絶望がない
無限に開く
信仰があるからだ

深く強い負けじ魂《だましい》

暗い日があっても
悩める日があっても
私は　現実の生活を逃避《とうひ》しないで
信仰という深く強い負けじ魂で
人生を生きぬく

生死の永遠の勝利のために

いかなる人間も

厳しく死に直面《ちょくめん》せざるをえない
故に私は
生死の永遠の勝利のために
最高の宗教を選ぶ

幸福・美しさ

幸福の実体

無知

われわれは、生活のなかで常に、幸不幸という問題に直面しているのだが、そのくせ、その実体《じったい》については、きわめて無知なのである。

結果としてあるもの

幸福は追い求めるものではなく、ついてくるものである。

幸福は結果としてあるものであって、その人がどう人生を生き切ったかの総体の表現である。

けわしい尾根にいどむ自分のなかに

幸福は、けっして山の彼方《かなた》にはない。自己自身の内にある。しかし、坐《ざ》して安閑《あんかん》としている自分ではなく、あくまで、彼方にあるものを目ざして、けわしい尾根に挑戦し、障害を一歩一歩、克服して進んでいる〝戦う自分〟の生命の躍動の内にあるのだ。

生命の燃焼のなかに

幸福は自分自身のなかにある、ということは、現在の自己のなかにあるということである。それはけっして、幻想の未来にあるのではない。現実の生活は、苦悩や悲しみに満ちているかもしれない。そのなかにあって精いっぱい努力し、そこに自己の生命を燃焼していく。その人生のなかに、実は無上の幸福があることを、知っていただきたいのである。

胸中の大空に希望の太陽を

幸福というものは、けっしてほかから与えられるものではない。自己の生命の内に築いていくものである。人生には嵐《あらし》の日もあり、雪の日もあろう。だが、自己の胸中の大空には常に希望の太陽が輝き、青空が美しく広がっていればよいのである。

仮面の幸福

平凡な一隅《いちぐう》の幸福。それは誰《だれ》もが夢みる幸福で、庶民の権利である。

しかし、充実感のない幸福とは、仮面にすぎない。

生命に迫《せま》る確かな手ごたえ

生きることの喜びは、その生きていること自体に確かな手ごたえがある——ということにほかならない。人はその手ごたえを求めるものである。

映画を見て感動するのも、音楽を聞いて楽しむのも、生命に迫ってくる確かな手ごたえにほかならないであろう。

苦労しても、苦労の中に手ごたえがある場合には、その手ごたえこそ、幸福感そのものであるまいか。

人生の充実感が幸福の内容

人は、必ずしも、日常のあらゆる行動において、自分が幸福を求めて行動しているのだなどと意識しているわけではない。ほとんどの場合、ただ当面の自己の目標を何とか実現しようと、希望を持ったり、苦しんだりしながら、努力しているにすぎないであろう。

だが、それらの行動を、一歩深く掘りさげて考えていったとき、それらはみな、人生の充実を求めての行動であることに気づく。この人生の充実こそが、幸福というもののの内容である。

人間は、一日たりとも空虚《くうきょ》ではいられないものである。三日間も、孤独で空虚な、あたかも白壁に囲まれたような状況のもとで生活していると、耐えられないであろう。芸術家が創作にうち込むのも、学者が研究に没頭するのも、結局は、その世界における自己の充実を求めていると言えるのではなかろうか。

幸福感にひたるとき

映画を見るのも、テレビを見て楽しむのも、スポーツやダンスに熱中するのも、ことごとく、生命の充実を求めての行動であるといったら言いすぎであろうか。人びとは、この充実を求めて生き、充実が得られないときに不幸を感じ、得られたときには幸福感にひたるのである。

現実を生き抜く歓喜と充実感

何の苦労もない白紙のような状態のなか

に、幸福があるのではけっしてない。詮《せん》ずるところ、厳しい現実のなかで、自分らしく精いっぱい努力し、生き抜いていく一瞬一瞬に、生命の奥底からわき出てくる歓喜、充実感こそ、幸福の実体《じったい》なのではないかと考える。

絶対的幸福と相対的幸福

幸福の二つのタイプ

幸福というものにも、二つのタイプがあるように考えられる。欲望が満たされることによって得られる一時の幸福感と、自分のなすべきことを自覚し、それをなすことによって得られる、生命の充実とである。

何のために生きるのか

一生の大部分を、生きるために費《つい》やした時代から——生きている時間を、何のために活用するかと、思索《しさく》するべき時代に入りはじめている。

自身の欲望を満たすことを目的に、絶え間ない発展をとげてきた結果、人類は、かえって新しい不幸の様式を生み出すことになってしまった。

欲望の充足によって感ずる幸福は常に他者に依存し、他者によって左右されるものであるから、これは〝相対的な幸福〟と言うべき、いつでも崩《くず》れさる、もろい幸福感である。

これに対して、理想や目的を達成するために、自《みずか》ら行動し、積極的にとり組んでいる場合は、そこに生命の充実感がある。こうして勝ちとった喜びは、一時の感覚ではなく、自己の生命のうえに刻まれた栄光の記録であり、不滅の炎のごとく、永久に残っていくことであろう。

長続きしない幸福感

おいしいものを食べたい、すばらしい車を手に入れたい、広い家がほしい等々の欲望が満たされたとき、そこに人びとは幸福を感ずる。しかし、それは必ず、その対象によって決定される幸福である。しかも、その幸福感は、けっして永続するものではない。一つの欲望が達せられると、そこでまた新しい欲望がわいてきて、その追求のために、あくせくと努力を重ねることになる。

欲望追求のプラス面

欲望の追求は必ずしも悪くはない。それは、人間の本性であるとともに、人類文化の進歩と発展の原動力でもあるからだ。ただ、それのみを究極の目標としていく人生は、けっして、本当の幸福を得ることがで

1993年5月

きない、と言いたいのである。

他に左右されない幸福

自己に立ちかえり、自己の成長と内的充実を目ざす生き方、そして、生命の内奥《ないおう》からあふれる幸福感は、他によって左右されることはない。これを、私は〝絶対的幸福〟と呼びたい。

宗教の必要性

はたして、絶対的幸福というものは、実現できるのだろうか。そこに、私は人生の根本とも言うべき大宗教の必要を痛感するのである。

内に築き社会に反映

真実の幸福は、自己の生命の内に築き、生活の上に、また社会の上に反映させていくものだ。これを私は〝絶対的幸福〟と名づけたのである。

悠然《ゆうぜん》と生きる

あさはかな、蜃気楼《しんきろう》のような、幻影《げんえい》の幸福であってはならない。確固たる主体性を確立し、環境に左右されず、宿命にもしばられず、どんな苦難をも克服し、人生を力強く、悠然と生きることが、それ自体、本当の幸福である。

強い自己を築く姿のなかに

ある場面で無惨《むざん》な敗北を喫《きっ》したとき、そこで屈《くっ》することなく、次の成功への因《いん》に転換していくためには、たくましい生命力と、すぐれた英知、そして忍耐力が要請される。この強い自己を建設すること、それ自体が、人生の最も大切な課題と言える。〝絶対的幸福〟ということも、具体的にはこうした姿のなかに、あらわれるものではないだろうか。

喜怒哀楽に振り回されない

絶対的な幸福といっても、何も苦しみや悩みがまったくない、いわば真空状態を言うのではけっしてない。楽しいことばかりが続く夢の世界でも、もとよりない。生きている人間である以上、喜怒哀楽があるのは、当然である。だが、喜怒哀楽に振り回され、支配されるのみではなく、波乗りを楽しむように、これを楽しんでいける境涯《きょうがい》を〝絶対的幸福〟と言うのである。

一歩深いところに

人間である以上、欲望との追いかけっこは、一生涯《いっしょうがい》やまぬものかもしれぬ。もし、そうだとすれば、人間は永久に確たる幸福を得られないことになる。だが、そのなかに、もう一歩深い次元に目を開いたとき、人生の尽きない幸福の実体《じったい》があると思う。これを私は〝絶対的幸福〟と呼びたい。それに対して、たんに欲望を充足させる、浅い幸福感は〝相対的幸福〟になる。

幸福の追求

他への依存を排して

幸福を勝ちとるためには、当然、たゆまぬ努力が必要である。苦労もまたひとしおであろう。人を頼って、安易な妥協《だきょう》は許されない。他への依存を排していく生き方は、ときには孤高でさえあるかもしれない。だが、人間としての深さと誇りと気高《けだか》さがそこにはあるであろう。

まず悲哀の克服から

「絶望とは愚者《ぐしゃ》の結論である」と言った人がいた。絶望といい、不幸といい、それをそうと決めるのは、所詮《しょせん》、その人の心の仕業《しわざ》である。してみれば、希望というものは、まず自分自身の悲哀を克服したところに生まれるものではないだろうか。

不幸を知らずして幸福はわからない

不幸を知らないで幸福がわかるはずもない。人生のさまざまな苦労というものは、すべて幸福へのためにある。苦労が多ければ多いほど、やがて来る幸福感も大きいに違いない。ゆえに、どんなに絶望的に思われようと、あきらめぬことだ。不幸を克服するには苦労をいとってはならない。

人はときに、生活が大変だとか、家庭が複雑で苦労が多いなどと嘆《なげ》き悲しむが、それでは不幸に打ちひしがれて力を失った姿である。こんなとき、私はいつも心から激励したくなるのをどうしようもなく感ずる。――しっかり頑張《がんば》りなさい。今の苦労があるから、やがて本当の幸福というものが味わえるのですよ――と。

人生観・社会観の確立

確固たる人生観や社会観を持ち続け、生き生きと気力を充実して前進してゆかなければ、いかなる時代になっても、幸福はやって来ない。

どこの職場でも、楽しく働けて、女性自身が自立した経済力を持って、幸福に生きていけるような社会を創《つく》らなくてはならない。

何らかの〝力〟を持つこと

勉強し、努力し、個人個人が、何らかの力を持つことが必要である。そして、他人に頼るのでなく、自分自身で生きることが大事である。結局、自分という個人を無視しては幸福にはなれないのである。

物質的、環境的条件は幸福の手段

物質的・環境的条件は、幸福の手段ではあっても根本の目的ではない。ちょうど、化粧品《けしょうひん》は人を美しくはするが、化粧品それ自体が美しさの本体ではないことと同じである。化粧品はその人の持っている、もともとの美しさを引き立たせるための手段である。

幸福の本体は、結局、自分自身のなかにある。この自分自身という問題と物質的・環境的要素との関係を思い違いしていくところに、不幸を繰り返していく根本的な原因がある。

波乗りを楽しむように

仏法では、「衆生所遊楽《しゅじょうしょゆうらく》」と説いている。私たちは何のために生まれてきたかと言えば、それは遊ぶためであるというのである。しかし、この〝遊ぶ〟というのは、通常の意味の遊ぶということではない。生活のなかに、現実の社会のなかに、自己を輝かせて自在に乱舞していくことを意味しているわけだ。それは、あたかも、波乗りを楽しむように、人生の苦難さえ喜びに変え、希望に変え、人生それ自体を、太陽のごとく気高《けだか》く、美しく、燦然《さんぜん》と光り輝かせていくことなのだ。

一人になったときどう生きられるか

人間は一人で生まれて、一人で死んでいくものである。私はその人が本当に幸せだったかどうかは、一人の人間として、生きとした日々を送っているかどうかでわかると思う。一人になったときに、人間勝利の姿が集約されて出てくるからである。

人間としての美しさ

虚飾《きょしょく》を取り払ったところに

いっさいの虚飾を取り払って、まったくの赤裸々《せきらら》な一個の人間として立ちあらわれるとき、本当の美しさ、気高さというものを、顕現《けんげん》できることが大切であろう。

美醜《びしゅう》は生命の輝きで決まる

若いうちは、容姿の美醜は、生まれつきで決まると思うかもしれない。しかし、年代とともに、その人の美醜というものは、もはや生まれつきの容貌《ようぼう》ではなく、内面から発《はっ》する生命の輝きであり、人生に処する態度のあらわれで決まる。親の責任ではなく、自分の責任になると言ってもよい。

真実の美しさとは

人間の美しさは、たんに化粧《けしょう》によって得られるものではない。生命自体の躍動による内奥《ないおう》からの輝きこそ、真実の美しさなのである。

すべてに美は秘《ひ》められている

人間の立ち居振るまいのすべてに美は秘められている。若者には躍動の美がある。はちきれそうな健康もまた美であろう。たとえてみれば、若人《わこうど》は春の美であり、老人には秋の渋さ、枯淡《こたん》の味わいがあろう。つまるところ、たゆみなき人間の営《いとな》みはすべて美であり、怠惰《たいだ》は醜《しゅう》と言えるであろう。仏法には「自体顕照《じたいけんしょう》」という言葉があるが、生命の本然《ほんねん》の力を遺憾《いかん》なく発揮した姿にこそ、時代を超え、年輪を超えた真の美しさがあるのだと思う。

自分の個性美を発見

次から次へと発表される個性的なモードを追って、若い女性は自《みずか》らの個性を失いつつある。このパラドックス（逆説）の悪循環を断《た》つ方法は、所詮《しょせん》、借りものの個性美でなく、自分自身の本ものの個性美を発見し直すことにあるのではなかろうか。

自己の資質を生かす

心の美しさを輝かせると同時に、個性である自己本来の資質を生かすことを考えることが大切である。

澄《す》んだ明るい瞳《ひとみ》に心の輝き

個性のにじみ出た、気品のある美しさは、その人の心の輝きと言える。心のやさしい人は、誰《だれ》からも愛され信頼されて、その美しさは目にあらわれる。目は心の窓である。清らかに澄んだ明るい瞳ほど、美しさを感じさせるものはない。

年とともに自分なりの美しさを

女性の美しさとは、十代には十代の美しさ、三十代には三十代の美しさ、五十代には五十代の美しさがある。それぞれの年代に応じて、それぞれの美しさがあるとすれば、年をとるにしたがって内奥《ないおう》から輝き出る美しさを発揮する人こそ、本当の美人というものであろう。そうした自分なりの美しさを知り、それをぞんぶんに強調していくことが、女性としての身だしなみのポイントではなかろうか。

心の働きが顔にあらわれる

嫉妬《しっと》、猜疑《さいぎ》、恨《うら》み、貪欲《どんよく》など、醜《みにく》い心の働きは、人の容貌《ようぼう》をも一変させてしまう。その実例は、身近なところによくあることであろう。私たちの生命の働き、一念の作《さ》用《よう》は、不思議と、無意識のうちに顔にあらわれるものである。

容貌にとらわれるのは愚か

容貌の美醜《びしゅう》のみにとらわれて、人生全体の幸福を考えないのは、人生上の、特に青春時代の大きな誤りである。美人であるゆえに不幸な境遇を嘆《なげ》いている人も意外に多い。

容貌に溺《おぼ》れるものは、その容貌のゆえに苦しむとも言える。

善と美こそ女性の願い

善と美こそ、女性の大いなる願いではないだろうか。醜、悪との戦い、これが女性の一生の一次元であろう。

孤独や絶望の淵《ふち》をさまよう者に、希望と励ましを贈り、生きる力を奮《ふる》い起こしていく力強い行為――それこそが善であるといえよう。

真の美は、〝生きて歓《よろこ》び、和《わ》して楽しむ〟ヒューマニティーな建設的体験のなかにこそある。

1986年11月

美は人にせよ、自然にせよ、対象を謙虚に尊重して、善意をもって共感するところにある。これは人間の深い共通感情に温《あたた》かく呼びかけることによってのみ、初めて創《つく》り出されるものである。

清楚《せいそ》な無名の王女に

雑踏《ざっとう》のなかでも　あなたがいると
清楚で　心より安堵《あんど》すると
言われるような
無名の王女の存在であってほしい

平凡な女性と言われても

平凡な女性と言われても　それでよい
その奥に　理念と勇気があるならば

美しさと信仰

生涯《しょうがい》にわたる
洗練された美しさのために
信仰という現実的な　崇高《すうこう》な活動を
私は　保持しぬくのだ

美を求めて

自分を知りぬくこと

つまるところ美しさの追求は、まず自分を知りぬくことにあると言っても過言ではあるまい。

自分の美しさのポイントを探す

何と言っても、自分に自信を持つことである。美しさを、よそに求めるのではなく、自分のなかに見出《みいだ》すことだ。自分の美しさのポイントはどこにあるのか、それを発見し、その自分の美しさを生かすために自分を磨《みが》いていくことだと思う。

生涯燃え続けていく美しさを

一生という広い視野に立ってみれば、美しさというものも、けっして短距離競走ではない。死の瞬間まで続くマラソン競走なのである。この長距離競走の基礎づくりをするのも、青春時代の大事な仕事であろう。

若さとともに燃え尽くしてしまう、線香花火のような美しさばかりを求めるのでなく、青春を謳歌《おうか》するとともに、一生、燃え続けてゆく美しさの基盤《きばん》を、しっかり築いていただきたいものだ。

表面をつくろうよりも

少しでも美しくなりたいという願いは、古来、宿命的なものかもしれない。それが何のためなのか、誰《だれ》のためなのか、ということは本来思慮《しりょ》の外であるとも言える。あえて言えば自分のため、鏡に向かっている自分の心を満足させるためでもあり、また誰か他人のためでもあろう。

いずれにしても、表面をつくろうことに精を出すより、心のなかを浄化し、感情と知性を豊かにし、磨きをかけることのほうが、はるかに効果が大である。

魅力は知性と感情の躍動から

恋人であるにせよ、夫であるにせよ、あるいは友達としても、あなたに新たな魅力を感じているとすれば、それは表面だけの美しさによってではなく、内からにじみ出る人柄のよさ、知性と感情の躍動によってであると思う。

自己の絶《た》えざる成長こそ美の秘訣《ひけつ》

いつまでも若々しく、美しくありたいというのは、共通の願いであろう。そうした、美しさの源泉は、けっして化粧《けしょう》や衣服だけにあるのではないようだ。自《みずか》らを厳しく律し、未来に希望を持ち、常に成長を願い、充実した日々を過ごしゆく生命の誇りとも言うべきものこそ、いつまでも衰《おとろ》えぬ美しさの秘訣なのではあるまいか。

磨《みが》きゆく生命の輝き

表面だけの美しさは、たしかに年齢によって制約されることは、誰《たれ》びとも免《まぬが》れない。だが、生命それ自体の持つ美しさは、生涯《しょうがい》、磨けば磨くほど美しさを増し、年をとればとるほど、その美しさを発揮していくことができよう。

生命自体の美しさとは

生命自体の美しさとは、何によって決まるかといえば――私は、女性らしい心のやさしさ、純粋さ、広い教養につちかわれた英知、正しいと信じたことについては一歩もひかないシンの強さ、また、健康、福運などであろうと思う。

美の本体は自身の内奥《ないおう》に

女性の真の美しさは、化粧や、アクセサリーや、服装だけで決まるものではけっしてないと思う。もとより、それらも、美しさを引き立てるための大事な要素であることには違いない。しかし、美しさの本体は、もっと汝自身《なんじ》の内奥にあり、そこから輝き出るものではないだろうか。

身だしなみにもあらわれる人生態度

身だしなみに気を配《くば》るとか、配らないとかいう現象それ自体は小さなことであるかもしれない。しかし、その根底にある人生態度、心構えが、大事ではないかと思う。この根本の心構えが、化粧や身だしなみばかりでなく、家のなかの整理、家計のきりもり、夫に対する心づかい、隣近所に対する態度などのなかに一貫してあらわれてくるのではないだろうか。

薄化粧《うすげしょう》のなかにも人生の輝き

高価な宝石を身につけ、一流の化粧品《けしょうひん》を使っているからといって、美しいとは一概《いちがい》には言えまい。かえって、気品をそこねている場合もあるかもしれない。家庭の主婦らしく、つつましやかな薄化粧のなかに、人生に処する崇高《すうこう》な態度がたとえようもない気品となって、美しく輝き出している人も多い。

流行は知って活用するもの

流行は、知識として知っておくことは必要であろう。それは、時代を知るうえでも大切なことと言える。流行は最も端的《たんてき》に、時代の風潮《ふうちょう》を象徴していると言えるからである。そのうえで、流行の活用には、その善《よ》し悪《あ》しを見分ける観察力とセンスとを身につけ、個性に応じて生活のなかで十分に消化しきっていくべきだと思う。

当然のことながら、流行を追うために無理したり、浪費したりすることは馬鹿げていることだ。むしろ、やみくもに流行を追うならば、逆に、とり残された、空虚《くうきょ》な自分を感ずることにならないであろうか。したがって、流行にとらわれることなく、それを利用して自分の個性を生かすことにつとめていくべきであろう。

女性と社会

働く女性

新しい家庭生活の創造を

共働き夫婦というものは、現代の世界的な趨勢であるし、人類の文明度が進めば進むほど、当然の生活形態になりつつある。ゆえに、それに応じた、新しい家庭生活を創造することに努力しなければならない。

愛情がすべてを支えていく

共働きの家庭には、いろいろな課題もあろう。夫婦のすれ違いや、子どもと過ごす時間の制約など克服すべき問題も出てくるかもしれない。しかし、家族への愛情が、いっさいを支えていくことになる。共働きが家庭を崩壊《ほうかい》させる原因となるはずがない。

夫婦の共同作業

偉大な業績を残した女性は、同時によき主婦であったことが多い。キュリー夫人のように、いかに困難な道であろうとも、夫婦の共同作業で一つのものを創造していくことほど、有意義で楽しいものはない。

仕事は人間形成の道場

仕事を、たんに経済的欲望を満たすための手段と考えることは、誤りである。自分を磨《みが》いていく、人間形成の道場ぐらいに考えても、私は、けっして評価のしすぎではないと考えている。

老化の最高の防波堤《ぼうはてい》

働くということは、人間の自然の姿である。精神の集中、神経の張り、適度《てきど》の運動、意志の持続――仕事にあたって要求されるこれらの条件は、精神的にも、肉体的にも、老化の最高の防波堤と言えよう。

2005年9月

仕事の究極《きゅうきょく》の目的とは

結婚が人生の終着駅でありえないと同じく、仕事も、たんなる途中駅ではない。

すべての終着点は、結局、自己の人間完成であり、より豊かな個性を磨《みが》きあげ、福運を積むことでなくてはならない。この目的の上に立ってこそ、いっさいの努力は、それなりにかけがえのない価値を持つのである。

春風のような存在に

仕事に責任感を持ち、打ち込むことは当然、大事である。

そのうえで、シンは強くとも、表面は、常に優雅な気品と、温《あたた》かさをたたえて、職場に春風をふかせていくような存在であってほしいものだ。傲慢《ごうまん》にわがままを通そうとしたり、ヒステリックになったりしては、自分で自分を傷つけているのと同じである。気品のある女性は、自然とみなから慕われ、大事にされていくものである。

真剣な仕事ににじみ出る美しさ

人間の最も美しい姿の一つは、真剣に仕事に打ち込んでいるときのそれである。働く女性が若さを失わないと言われるのも、このためであろう。

技術を身につける努力も

できれば、仕事を通して、何らかの技能を身につけることを心がけるとよいであろう。身についた技術というものは、生涯《しょうがい》失うことはないからだ。

仕事に打ち込める女性は幸福である。

女性と平和

戦争の犠牲《ぎせい》者は女性

戦争の最大の犠牲者は女性であり、なかんずく母親であったろう。尊《とうと》い母親たちを、二度とこの悲しみにおとしいれては断じてならぬ。そのためには、どうしても、恒久《こうきゅう》的な世界平和を確立しなくてはならない。

平和のときにこそ叫ぼう

戦争は、より多くの女性が苦しみ、より多くの女性が悲しむのである。女性を護《まも》るためにも、絶対に戦争はさけねばならぬ。このことは、平和なときにこそ声を大にして叫ぶべきである。

女性の特質は平和的

現代文明の行きづまりの原因は、どういう角度から、とらえるかにより、さまざまな要因を指摘できるであろう。一見、奇抜《きばつ》な発想に思えるかもしれないが、男女の特質という点から、これを考えてみると、たしかに、男性は本質的に戦闘的、攻撃的である。この男性に対し、女性は、平和的であり友好的であると言える。

女性のこうした特質が、現在の〝恐怖の均衡《きんこう》〟でようやく〝平和〟を保っている不安な世界に対して、どれほど影響を与えることができるかは、実際に女性の指導権を拡大してみれば明らかになるであろう。

女性の特質が発揮されるために

平和の母体としての女性の特質が、今日必ずしも十分に発揮されているとは言えない。口には男女平等が叫ばれても、現実は、両性の地位には、なお大きなギャップがあるからである。その原因は、第一に、それを支える理念の欠如《けつじょ》にあり、第二に女性の特質についての認識の欠如にあると思う。

私は、その意味からも、男性と女性がそれぞれの特質を理解し合い、特に女性に対して、もっと社会的に活躍する機会が与えられるべきだと考える。

混乱を収拾《しゅうしゅう》する担《にな》い手

社会のなかでも、女性の独特の考え方や感情といったものは、対立や混乱を収拾するのに、きわめて重要になってこよう。そのためには、育児などを抱えた女性に対しても、十分に社会的進出の道が開かれる必要がある。

女性に社会進出のチャンスを

社会におけるあらゆる分野にわたって、女性が、その能力に応じて、男性と均等に進出できるチャンスが与えられなければならない。もちろん、待遇も、女性であるというだけの理由で差別されるようなことがあっては、けっしてならない。

女性が平和の主役に

女性の社会的活動はもっと活発に行《おこな》われるべきである。家庭内を主婦がリードしているのと同じように、女性が一国においても、世界においても、主導権《しゅどうけん》を持つようになってこそ、世界平和の時代が建設されると考えている。

生命の尊厳《そんげん》を守るために活躍を

生命の尊《とうと》さを自《みずか》らの骨身に沁《し》みて知っている女性こそ、生命軽視《けいし》の風潮《ふうちょう》の強い現代にあっては、よりいっそう強いリーダーシップをとって活躍していただきたいものである。

自覚した女性の声

それぞれ自覚した希望に満ちた女性が、

決然と声をあげていくならば、おそらくは、わが国の泥沼政治も着実に改革されていくに違いない。政治が世論《よろん》の反映であるなら、女性の立派な世論は、必ずや政治を大きく動かしていくからである。

力強く歴史の主役を

今、女性は平和の担《にな》い手として、力強く、歴史の主役を演じなければならないときを迎えている。本来、平和主義者としての女性の面目《めんもく》を遺憾《いかん》なく発揮するためには、けっして自分中心の狭《せま》い世界にとどまっていてはならないであろう。そして男女双方の特性が相《あい》まって、初めて、調和ある世界が築けるのである。

女性の幸不幸に時代相が反映

女性の幸不幸の姿こそ、一つの社会、一つの国が安泰《あんたい》であり、健全であるかどうかの具体的なあらわれです。そして、これこそ、人類の未来にとって重要な道標《みちしるべ》となるものだと思います。さらに言えば、女性の幸福を保証できる指導者や為政者《いせいしゃ》こそ、本ものの指導者、為政者と言うべきでしょう。

知識を蓄《たくわ》え、知恵で生かして

民衆が無知であるあいだは、一握《ひとにぎ》りの権力者たちや思い上がった知識人たちに、いいように引きずり回されてしまう。これが近代の歴史の様相《ようそう》である。そして、そのような世の中で、一番苦しめられて泣かなければならないのは、いつも女性である。だからこそ女性は、どうしても賢明《けんめい》でなければならない。女性が知識を蓄え、それを知恵で生かしたときこそ、真に平和な文化国家の建設者となることができよう。

真の平和運動

さめた合理の社会にあっても
偉大な哲理を　知覚しなければ
真の進歩的平和運動とは言えない

今の安穏《あんのん》の償《つぐな》いのために

私の反戦運動　平和運動は
国のためでもなく
一団体のためでもなく
今　自分自身が　安穏無事であるという
償いのためと言ってよい

女性の清らかな〝強さ〟で

女性らしいやさしさ、こまやかさ、美しさ、温《あたた》かさは女性特有のものであり、男性にはマネができない。男性の革新的、攻撃的性格と、女性のこうした特質がともに生かされたとき、健全な社会と文化の発達があるのではないだろうか。

したがって女性が強くなるとは、けっしてそうしたやさしさなどの特質が失われることではない。

そうした特質が社会に開かれてゆくことが、真実の清浄《せいじょう》な女性の強さということに通ずると思う。

歴史の悲劇の因《いん》は

本質的に男女の特性を言えば、男性は闘争と破壊であり、女性は平和と建設であると言えるように思われる。過去の歴史の最大の悲劇は、こうした女性の平和と建設の特性が、常に、男性の闘争と破壊の原理に圧倒され、踏みにじられ、押し殺されて、時代を動かす力となりえなかったことに起因すると言えないだろうか。

新しい生命を育てることの意味

この世で、新しい生命を育てる女性の姿ほど、尊《とうと》く、偉大なものはないと私は思う。一家の繁栄、一族の繁栄といえども、いな、社会の繁栄、国家の繁栄、人類の繁栄も、究極は、すべての女性の、そして母の双肩《そうけん》にかかっていると言えまいか。その使命は、人間として最高のものであり、わが子を立派に育ててゆく人こそ、真実の平和国家の建設者であるとも言えよう。

1981年6月

女性の力

人間としての幸福を前提に

人間としての解放、人間としての幸福を前提にしない限り、女性解放運動も、真実の成果をあげることはできないと思う。むしろ、政治、社会の次元で、自由と平等の権利を得れば得るほど、より深い精神、人生の次元での空虚《くうきょ》さは、厳しさを増すとも言える。

女性の特質をどう生かすかを再認識

男性は子どもを産めない。男性も、女性も、どこにその特質があるのか、それを現代の社会に生かしていくには、どうすべきか――を再認識していくところに、真実の男女平等の実現の道が開けてゆくのではないだろうか。

人間的価値の平等に立脚

どこまでも、女性解放運動は男女の人間的な価値の平等と、社会に進出する機会の平等とに立脚《りっきゃく》すべきであり、女性が男性化することにその目標が置かれるべきではないと思う。むしろ、それは女性の人間としての価値を損ずることでさえあると言えよう。

調和的特質を生かす方向へ

男性はどちらかと言えば攻撃的な性格を持っており、女性は調和的な性格を持っている。

歴史的に、現代に至る文明社会は、進歩という思想に支えられて、多分に攻撃的性格を持ってきた。

これは男性中心の社会ということと一致している。そして、人間に向けられた攻撃性は戦争として、絶え間なく繰り返され、自然に向けた攻撃性は環境破壊をもたらしてきた。

現代の文明社会にとって、最も必要なことは調和ということであり、そのためには女性の調和的な特質が生かされなくてはならない。

人間の尊《とうと》さを自身に実現していくこと

本当の女性解放運動は、女性自《みずか》ら人間としての強い自覚に立ち、人間として生きることの尊さを、自分自身のなかに実現していくことであると言える。

若い女性も政界で活躍を

政界で活躍する女性がもっと多く出てもらいたい。国民総数が男女ほぼ同数であるように、国会議員なども、男女同数になってもよいのではないか。そうすれば、狐《きつね》と狸《たぬき》のだまし合いのような醜《みにく》いかけひきも、腕白《わんぱく》坊主さながらの押しくらマンジュウを演ずることもなくなるに違いない。

特に若い女性が、もっと政治に参画《さんかく》していくべきである。そして、女性ならではの視点を政治に反映していくと同時に、傲慢《ごうまん》な男性議員たちを正していけるような存在であってほしい。

教養

読書

正しいもの、よいものをどう吸収するか

知識の泉は、われわれの身のまわりに無限にある。大切なことは、真実と虚偽を、どう識別し、良否《りょうひ》を振り分け、そして、正しいもの、よいものだけを吸収するようにするか、であると言えまいか。

読書の正しい姿勢

読書の正しい姿勢は、何によって決定されるかと言うと、結局、人生への意欲的な姿勢、常に主体性を失わない、健全で力強い生き方からもたらされると私は思う。

良書、悪書を見分ける眼《め》

一冊の本に書かれていることが、本当か、うそか、良書であるか、悪書であるかを見分ける眼は、生活のなかにつちかわれた判断力と、経験の蓄積によって、おのずから会得《えとく》されるものである。

また、逆に、良書とは、それを読み終えたとき、人生、社会への眼が開け、希望と勇気と喜びがわいてくるものでなくてはならない。

読書せぬ人は社会の前進に遅れる

読書せぬ人は、人間として浅くなり、社会の前進に遅れてしまうことは事実である。

本は著者と読者の共同作品

すべての著作は、これを読む人との対話であり、著者と読者との共同作品でもある。すぐれた作品が後世《こうせい》に残るということは、一人著者の名誉であるにとどまらず、読者である、同時代の大衆の知的レベルの証明であり、記念碑でもあるのだ。

すぐれた書を求める真の読書人に

著者が自己の生命を、たたきつけた書は、必ず、読む人をして深い感動を起こさずにはおかないものである。俗悪《ぞくあく》で軽薄《けいはく》な作品には見向きもせず、真実の、すぐれた書を求める、真の読書人になっていただきたい。

読者の持つ〝責任〟

言論の自由の時代において、作品の質的向上のために、最大の責任を持っているのは、ほかならぬ読者大衆なのである。

社会活動の源泉に

私は　あらゆるものを読む
それを選別し　昇華《しょうか》させ
積極的に
社会活動の源泉にしたい

子どもとともに成長できる努力を

いかに多忙でも、力強い生命力を発揮して、すべてをやりきっていく――そして少しの時間をも見出《みいだ》して、一日数ページの読書でもいい、向上心を忘れぬ女性に、母親になっていただきたい。そして、やがて中学へ、高校へと進むわが子とともに成長していけるような立派な母になっていただきたいと、心から祈らずにはいられない。

心に読書と思索《しさく》のゆとりを

思慮がないということは、いっさいの活動を空転させる。心に余裕を持ち、ものを考える習慣をつくれば、読書の暇《いとま》や新聞や活字に目を通す時間も、自然と生み出せるはずである。

暇《いとま》は自《みずか》らつくるもの

私は、まず忙しさを追放せよと訴えたい。暇はきょろきょろ探すものではなく、自らつくるものである。つくった貴《とうと》い暇を生かして何か学んでいくことである。

ある指導者はこんなことを言った。「自分の生活を反省してごらんなさい。暇がないのではなくて、心に暇がないのです。だから、忙しさに追われてしまうのです」

趣味

身近なところに趣味の世界はある

趣味といっても、何も特別なものを求める必要はない。自分らしく、自然のなかに築いていくもの、これが尊《とうと》いのである。さりげないなかに、また身近なところに、趣味の世界はあるものだ。虚飾《きょしょく》のための趣味であっては、空《むな》しい。虚栄のため、見栄《みえ》のためというなら、趣味などないほうがましと言ってもよい。

平凡でもかけがえのない宝

私にとって、趣味は、生活からかけ離れた存在ではなく、むしろ、常に生活のなかにあって、自己を満たしてくれるものである。私は、趣味というものは、これでよいと思っている。あまりにも平凡な趣味、だが、私は、これをかけがえのない宝として、ときには胸に秘《ひ》め、ときには、自分の生活の場に取り出しては、楽しんでいる。

生活の憩《いこ》いのオアシス

私は、あなたらしい、ささやかな趣味を持ってほしいと願っている。きっと、それは、生活の憩いのオアシスとして、いや、人生のオアシスとして、自分自身に美しい生命の緑《みどり》をもたらしていくに違いない。

趣味の醍醐味《だいごみ》は

趣味に本当の喜びを感ずるのは、自分がやるべきことを立派にやりぬいているときである。それまでの緊張感をちょっとした変化で和《やわ》らげ、新しい活力の源泉となっていくような趣味は、最も充実したものであろう。いわば、趣味という醍醐味は、ここにあると思う。

自分の世界ができること

趣味とは、自分の世界ができることの喜

1973年7月

びであり、それ自体が楽しみなのである。

あなたには、あなたの趣味がある。それを、そっと育《はぐく》み、伸ばしていってほしいのだ。

その人らしさがあふれる

趣味というものは、いわば人間生活の潤《じゅん》滑油《かつゆ》である。趣味のない人には、潤《うるお》いも、人間的な幅も、心の豊かさも感じられない。

ある意味では、日常の仕事のなかよりも、ずっとその人らしさが、趣味のなかに溢《あふ》れているとも言える。仕事によって、その人の能力があらわれるとするならば、趣味によって、その人の独特の風味、風格がにじみ出るものである。

趣味のない人、溺《おぼ》れる人

趣味のない人には潤いがない。だが、趣味に溺れる人は、趣味を持つ資格がないと言える。ともに、心の狭《せま》さ、弱さの反映にほかならないからだ。

豊かな心の泉

趣味は豊かな心の泉である。その泉のなかより、自然にわき出《いづ》るものが尊《とうと》いのである。また、趣味は、人間性の美しい色彩でもある。平凡のなかに、キラリと輝く人間性――ここに真実の美しさ、気品があり、趣味の真髄《しんずい》がある、と私は思う。

教養

身に合ったものを深く

身に合ったものを深く追究するとき、はじめて教養となり、知識を生活の知恵と化《か》することができるのではないか。

人間形成の精神的骨組み

アインシュタイン※も認めているように「教育とは、学校で習ったことをすべて忘れたあとに残っているところのものである」ということは、教育の大切な問題であろう。

人の生を形づくる、精神的な骨組みは、結局、個々の知識を忘却というフィルターで濾過《ろか》したあとに残るエッセンスなのではあるまいか。

人間教育の学校を優等で

エマソンは学校の教育は
手段であると喝破《かっぱ》したが
最高学府の教育を受けない私は
あまたの社会現象を師として

※アインシュタイン　アルベルト・アインシュタイン（1879～1955年）ドイツの理論物理学者。「量子力学」「相対性理論」の研究で、20世紀最大の物理学者と言われる。1921年ノーベル物理学賞受賞。

人間教育の学校を
優等で卒業してゆくのだ

知識を民衆のために生かす

知識を貯《た》めることだけに
私は終わりたくない
それではオウムの如《ごと》しだ
己《おの》れの内部を通して
民衆を説得できる
さえたる雄弁にかえたい

無知であってはならない

残念ながら、無知のための不幸が多く実在する。たとえば、法律に無知なるが故《ゆえ》にだまされて財産をとられたり、詐欺《さぎ》にあったりして、不遇《ふぐう》に泣かなければならない。悪辣《あくらつ》な男性の甘言《かんげん》にあざむかれて、一生を台なしにすることなど絶対にあってはならない。幸福を勝ちとるためには、断じて賢《けん》明《めい》であることだ。

真の英知は、生命の光彩

英知とは知識でもなければ、学歴や、いわゆる頭のよさでもない。真の英知とは、生命の本源からの光彩である。結局、英知を輝かしていくには〝生命の鏡〟を磨《みが》きぬく以外にない。

本書は昭和49年刊「婦人抄」を加筆・再編集したものです。

装丁　池田雅彦（池田雅彦デザイン事務所）

こころに響《ひび》く言葉《ことば》——新《しん》婦人抄《ふじんしょう》

平成二十年一月十日　第一刷発行
平成二十年一月十日　第六刷発行

著　者　池田大作《いけだだいさく》
発行者　神田高志
発行所　株式会社主婦の友社
〒101-8911
東京都千代田区神田駿河台二—九
電話〇三-五二八〇-七五三七（編集）
〇三-五二八〇-七五五一（販売）
印刷所　大日本印刷株式会社

もし、落丁、乱丁、その他不良の品がありましたら、おとりかえいたします。お買い求めの書店か主婦の友社資材刊行課（電話〇三-五二八〇-七五九〇）にお申し出ください。

ISBN978-4-07-259407-0